KB253966

# 황반장의
# 러너스 다이제스트
Runner's Digest

# 황빈장의 러너스 다이제스트


발행일    2025년 12월 23일

지은이    황문상·남임경
펴낸이    손형국
펴낸곳    (주)북랩

출판등록    2004. 12. 1(제2012-000051호)
주소    서울특별시 금천구 가산디지털 1로 168, 우림라이온스밸리 B동 B111호, B113~115호
홈페이지    www.book.co.kr
전화번호    (02)2026-5777        팩스    (02)3159-9637

ISBN    979-11-7598-045-7 13690 (종이책)      979-11-7598-046-4 15690 (전자책)




**작가 연락처 문의 ▶ ask.book.co.kr**

전용 게시판에 문의를 남기시면 저자에게 직접 전달됩니다.

**(주)북랩** 성공출판의 파트너

북랩 홈페이지와 SNS에서 다양한 출판 솔루션을 만나 보세요!

**홈페이지** book.co.kr  •  **블로그** blog.naver.com/essaybook  •  **출판문의** text@book.co.kr
**카톡채널** 북랩

황문상
남임경
지 음

# 황반장의
# 러너스 다이제스트

## Runner's Digest

모든 러너가 따라 할 수 있는        효율적인 달리기 훈련법

더 빨리, 더 오래, 더 즐겁게 달리는 법!
러닝에 왕도는 없어도 원리는 있다.

수천 명의 러너를 변화시킨
황반장, 남임경 코치가 전하는
평생 러닝의 정석

# 서문 one

늦은 나이에 인생 운동이 된 철인 3종을 접하면서 달리기를 본격적으로 하게 되었고 푹 빠져서 지내다 보니 러닝스쿨과 철인 3종 교실을 열고 다양한 계층의 주자에게 달리기 교육까지 하게 되는 분에 넘치는 영광을 누리고 있습니다.

우리의 모든 삶과 마찬가지로, 달리기에 있어 왕도나 절대적인 진리는 없다고 생각합니다. 각자 주어진 몸과 여건, 성장환경, 운동 습관 등에 따라 자신만의 달리기를 즐기면 되는 것이지요.

다만, 달리기가 누적되고 몰입할수록 끊임없이 좋은 자세와 최적의 훈련 방법, 몸 관리에 대한 의문이 생겼고 그에 대해 코치를 찾아다니며 교육을 받고, 자료를 찾아보고, 결과를 자신의 몸에 수없이 테스트하는 과정에서 모든 러너에게 적용할 수 있는 ① 효율적인 달리기를 위한 보편적인 원칙과 표준, ② 부상을 예방하면서도 더 효과적인 훈련 방법이 정립되었고, 운이 좋게도 그것을 기초로 누적 강습 인원 수천 명에게 교육하면서 검증하고 보완하는 과정도 할 수 있었습니다.

그럼에도 불구하고, 달리기는 자신의 자세와 방식으로 즐기는 스포츠로 모든 러너의 달리기는 그 자체로 존중되어야 함을 분명히 말씀드리고 싶습니다. 이 책은 저의 이론이 최선이라는 주장을 하려는 목적이 아닌 제 경험과 생각을 소개하고 나누고자 하는 것으로 불필요한 논쟁의 대상이 되기보다는 건설적인 방향으로 활용되기를 바랍니다.

종목을 불문하고 스포츠를 즐기는 데 있어 달리기가 차지하는 중요성에 비해 만족스러운 자료를 찾기가 어려웠고, 러닝 클래스 수업 중 코칭한 내용을 회원들이 다시 기억하고 실천할 수 있도록 교과서가 필요하기도 했기에 오래전부터 제 경험을 남겨야겠다는 생각을 가졌지만, 요즘처럼 정보가 넘쳐나는 시대에 조금만 검색하면 쉽게 찾을 수 있는 내용으로 부피를 늘리고 싶지는 않았습니다. 제가 아니면 아무도 말해주지 않는, 그러면서도 반드시 전달해야 하는 핵심만을 정리해서 되도록 간결하고 이해하기 쉽게 작성하려 노력하였습니다.

이 책에는 러닝스쿨 개설 이래 현재까지 러너들로부터 받은 달리기와 관련된 수많은 질문에 대한 저의 대답과 설명, 예시가 주제별로 정리되어 있습니다. 일독 후에는 가까운 곳에 두고 궁금한 사항이나 관심 있는 주제에 대해 수시로 펼쳐 보고 제시된 방법을 실행하다 보면 달리기와 함께 하는 삶에 거름이 될 것이라 믿습니다.

글을 전문적으로 써 왔던 사람이 아니어서 바르게 표현할 수 있을지 걱정도 되고 한편으론 부끄럽기도 하지만, 저의 까칠함을 참아가며 함께 해 주신 수많은 분의 인내와 땀의 결과물이기도 하기에 감사한 마음을 담아 용기를 내었습니다. 달리기가 더욱 재미있어지고 삶의 활력소가 되는 데 있어 소소하나마 도움이 되기를 바랍니다.

어느 분야에서나 의미 있는 결과물을 내려면 혼자의 힘으로는 불가능합니다. 러닝스쿨을 개설할 때부터 어려움 속에서도 서로의 코치이자 파트너로 함께 하는 남임경 코치님께 감사의 마음을 전합니다. 어린 시절부터 평생을 달리기와 함께 한 그의 경험과 노력, 나눔과 조언이 없었다면 이 책은 완결될 수 없었을 것입니다.

2025년 12월에
nineattack Running Center에서
Running Advisor 황반장

# 서문 two

## "러닝은 바른 자세에서 시작되고,
## 그 위에 모든 것이 세워진다"

달리기는 가장 단순한 운동이면서도 가장 깊은 세계를 품고 있습니다. 누구나 두 발로 땅을 딛고 달릴 수 있지만, 제대로 달리는 법을 아는 사람은 많지 않습니다. 자세가 조금 어긋나도 속도를 낼수는 있습니다. 그러나 자동차의 바퀴가 정교하게 맞지 않으면 언젠가 고장이 나듯, 잘못된 자세는 몸에 무리를 주고 러닝의 즐거움을 오래 이어가기 어렵게 만듭니다.

이 책은 바로 그 지점에서 출발합니다. 태어난 그대로 신체를 폭넓게 활용하는 효율적인 자세로 달리기의 기본기를 바로 세우고, 그 위에 기록을 단축하기 위한 올바른 훈련법을 알려주고자 합니다. 특히 천천히 달리기, 마라톤 페이스 달리기, 역치 달리기, 인터벌 트레이닝, 리피티션 트레이닝과 같은 핵심 훈련을 어떻게 해야 효과적이며 부상을 예방할 수 있는지, 황반장님과 저의 경험 및 노하우를 풀어냈습니다. 황반장님은 러닝을 늦게 시작했지만, 누구보다 치열하게 고민하고 연구하며 러너들의 길을 밝혀왔습니다. 저는 엘리트 선수 출신으로서 그 길을 곁에서 함께 걸으며, 때로는 보완하고 때로는 동의하며 목소리를 보탰습니다.

우리는 출발점이 달랐습니다. 황반장님은 직장인으로서 러닝을 삶 속에서 발견했고, 저는 어린 시절부터 선수로서 러닝을 생활로 삼아왔습니다. 그러나 달리기에 대한 철학적 지향점은 같았습니다. 달리기는 단순히 기록을 위한 도구가 아니라 몸과 마음을 단련하며 삶을 풍요롭게 하는 길이라는 믿음입니다.

이 책을 펼친 독자 여러분께 전하고 싶은 메시지는 단 하나입니다. 달리기를 제대로 배우면 더 빨리, 더 오래, 더 즐겁게 달릴 수 있다는 사실입니다. 이 책이 러닝을 시작한 초보자부터 최고 기록을 꿈꾸는 엘리트까지 모든 러너에게 길잡이가 되어 여러분의 발걸음이 더 가볍고 힘차게 이어지기를 기대합니다.

2025년 12월
Running Advisor 남임경

차례

서문 one  **5**

서문 two  **8**


# 1장

# 나는 이렇게 러너(The Runner)가 되었다

러너의 성장 단계  **19**

나의 달리기 이야기  **22**


# 2장

# 효율적인 달리기의 원리(Principles)와 표준(Standard)

효율적인 달리기의 효과  **43**

포어미드풋 착지(Fore-Mid Foot Landing)  **49**

리어풋 착지에서 포어미드풋 착지로의 변환 방법 및 주의사항  **52**

중장거리 달리기에 적합한 표준스텝수(Standard Steps)  **54**

달리기 스피드의 이해와 무릎의 선행(Knee Leading)  **60**

달리기에 짐이 되지 않는 팔치기  **68**

역량을 극대화하는 정교한 훈련  71

효율적인 레이스를 위한 페이스 배분(Negative Split)  73

# 3장

# 효과적인 달리기 훈련법

천천히 달리기(Fun Running)  79

천천히 달리기의 요령  89

마라톤 페이스 달리기  92

역치 달리기(Threshold Running): 템포런(Tempo Running)  95

5,000m 페이스 달리기  99

가속 달리기(Progression Running)  105

인터벌 훈련(Interval Training)  108

리피티션 훈련(Repetition Training)  119

트레일 러닝(Trail Running)  127

트레드밀 달리기  131

철인 3종 경기의 달리기  133

세월 앞에 장사 없다: 50대 이후의 달리기  141

# 4장

## 달리기 부상의 예방과 대응

달리기 부상을 대하는 마음가짐  155

족저근막염  158

무릎부상: 장경인대염, 슬개대퇴통증증후군, 슬개건염  161

햄스트링 부상  163

정강이근막염(Shin Splints)  164

아킬레스건염  165

엘리트 선수의 부상 관리  167


# 5장

## 러닝화의 진화 과정 및 적합한 선택 가이드

러닝화의 진화 과정 및 선택  173

부상을 줄일 수 있는 러닝화의 조건  178

# 6장

## 보충 설명 및 러너가 하지 말아야 할 행동


VDOT 일람표의 활용  185

슬로조깅(Slow Jogging)  188

VO2Max(최대산소섭취량)와 러닝이코노미  189

LSD(Long Slow Distance)  191

파틀렉(Fartlek)  192

테이퍼링(Tapering)  193

카보로딩(Carbohydrate Loading)  194

피로골절(Stress Fracture)  195

러너가 하지 말아야 할 행동  196


맺음말  197

# 나는 이렇게 러너The Runner가 되었다

*Knee Leading*
*Fore-Mid Foot Landing*
*Standard Steps*

현대인은 의도적으로 달리지 않는 한 뛰어다닐 일이 별로 없고 지금과 같은 문명화된 인류의 삶의 방식은 그리 오래되지 않았다. 과거의 사는 모습이 상대적으로 많이 남아있는 아프리카나 아마존의 원시 부족이 보여주는 바와 같이, 생태계의 구성원으로서 진화된 인간의 체형은 오랜 시간 달리기가 가능하다. 원시시대부터 아침에 일어나서 채집을 하건, 수렵을 하건, 유목을 하건, 농사를 짓건 인간은 깨어 있는 시간 대부분을 걷거나 뛰면서 보내도록 진화되어 온 것이다. 인류가 두 발로 땅을 디디게 된 것은 광활한 대지를 뛰어다닐 수 있는 자유를 가지게 되었음을 의미하며 우리는 태어나면서부터 달릴 수밖에 없는 운명을 가지고 있다고 생각한다.

다양한 연령과 계층의 러너들과 함께 운동하고 지도하다 보니 생긴 습관이 달리기를 하는 누구에게나 자연스럽게 눈길이 가고 자세를 살피게 된다. 특히 아이들의 뛰고 노는 모습을 유심히 보곤 하는데, 아이들은 달리기를 배우지 않아도 자연스럽게 달리고, 그 자세도 상당히 좋다. 본능적으로 신체를 광범위하게 활용하기 때문인데, 오히려 성인이 되면서 사용량과 활용도가 줄어 경직되고 퇴화하는 것이다. 나는 신체를 주어진 그대로 활용하는 달리기를 따라 하고 전파하고자 노력하는 러너로서 이 책을 통해 그 이야기를 나누고자 한다.

한편 어릴 때부터 달리기와 함께 성장하여 달리기에 특화된 신체를 가지고 있고, 누구보다 달리기를 잘 아는 전문가인 엘리트 선수의 경우 자신도 모르는 사이에 비효율에 익숙해진 것은 아닌지, 나의 달리기는 잠재능력을 전부 발휘하고 있다고 할 만큼 효율적인지 한 번쯤 되돌아볼 필요가 있다. 세계는 지금 인간 한계라 여겨졌던 마라톤 2시간 벽을 눈앞에 두고 놀라운 속도로 진보하고 있는데 아직도 30년 전의 이론과 훈련 방법을 이야기하는 것이 적절한지 생각할 기회가 되기를 바란다. 아인슈타인은 "배움이 멈추는 순간 성장이 멈춘다"라고 했다.

# 러너의 성장 단계

내가 달리기와 함께 한 여정을 말하기에 앞서 달리기를 좋아하고 즐기는 사람들의 성장 과정을 나의 방식대로 구분해 보고자 한다. 그들의 생각과 행동을 나름대로 분석한 결과, 나는 그들이 ① 조거(The Jogger)로 시작해서 ② 마니아(The Mania)를 거쳐 최종적으로 가장 이상적인 ③ 러너(The Runner)로 성장한다고 생각한다.

## ① 조거(The Jogger)

건강이나 체중조절 등을 위해 달리기를 시작하고 그 즐거움과 매력을 서서히 느끼기 시작하는 단계가 '조거'이다. 과거 달리기를 하지 않던 시절과 비교하여 생활패턴에 변화가 생기며 달리기를 거르면 마음이 편치 않게 된다. 아직은 분명한 계획이나 목표를 세우기보다 집이나 사무실 근처 적당한 장소에서 할 수 있는 만큼 부담 없이 달리며 만족감을 느낀다. 자신이 잘 모른다고 생각하기에 여러 정보를 찾아보고 러닝크루 등 커뮤니티 활동이나 대회 참가에 관심을 두게 되며, 그 과정에서 더 큰 동기를 부여받기도 한다. 슬로조깅이나 천천히 달리기에서 멈추기도 하지만, 대부분은 다음 단계인 '마니아'로 자연스럽게 진화한다.

② 마니아(The Mania)

경쟁심은 모든 러너에게 중요한 동기부여의 수단이지만 경쟁심이 자랄수록 초심을 잃게 되곤 하는데, '마니아'는 어느 순간 달리기 자체의 가치를 뒷전에 두고 대회에서의 기록 단축, 경쟁에서의 승리, SNS 등 자신을 과시하는 활동에 주로 관심을 두며 그것을 위해 삶의 다른 중요한 부분을 희생하고 합리화한다. 동기부여가 되는 수준의 경쟁 단계를 넘어 몸에 무리가 되는 수준으로 대회 참가 횟수나 달리기 거리, 기록을 늘리는 데 집착하고 그 결과로 심각한 부상을 당하기도 한다. 이 책을 읽는 이들 중 많은 러너가 '마니아'에 속할 것으로 생각한다. 그러나 서운해하지 않아도 된다. 나 자신도 그 단계를 거쳤고 궁극적으로 진정한 '러너(The Runner)'가 되려면 필연적으로 '마니아'의 과정을 거쳐 가야 한다. '마니아'가 될 정도로 달리기에 열정을 쏟고 있다는 사실만으로도 이미 자신의 삶에 지대한 긍정적인 영향을 주고 있는 것이며, 그 길에서의 진통 역시 '러너'로 가는 여정이다. 물론 열정이 지나쳐서 육체적, 정신적 피로 누적 및 심각한 부상 등으로 러너의 길을 벗어나 이전으로 돌아갈 수도 있다. '마니아'에 머물거나, 과거로 돌아가거나, 다음 단계인 '러너'로 발전하거나 어떤 경우든 선택은 자신이 하는 것이다.

③ 러너(The Runner)

마지막 단계인 '러너'는 타인과의 경쟁이나 기록 경신, 과시하는 단계를 벗어나 자신의 잠재능력과 한계를 앎으로써 그것을 초월하게 되며, 성공적인 달리기는 자신의 기준으로 즐기는 것이라는 사실을 인식하고 자신이 할 수 있는 범위에서 최선을 다한다. '러너'는 커뮤니티 활동, 훈련, 레이스 등 달리기와 관련된 제반활동과 삶에 균형을 유지하고 인생에서 달리기를 그 나머지와 잘 조화시켜서 라이프 스타일의 필요하고 안정적인 한 부분으로 자리 잡게 만든다. 자신의 경험과 지식을 기꺼이 나누며 자신보다 좋은 자세와 습관, 기록을 가진 동료를 보면 기쁜 마음으로 격려한다. '러너'의 달리기는 파워, 지구력, 자세, 페이스 조절, 기량 향상을 위한 훈련, 부상 예방 및 대응 등이 잘 조화될 것이며 대회는 잠재력을 확인하고 끌어내는 기회로 활용한다. '러너'의 가장 큰 기쁨은 기록이나 순위에서 오는 우월감이나 과시보다 달리기 그 자체와 그로 인해 풍성해진 인생에 있다.

# 나의 달리기 이야기

내가 '러너'가 되는 과정을 따라가 보는 것은 이후에 전개되는 효율적인 달리기를 위한 보편적인 원칙과 표준, 훈련법을 이해하는 데 도움이 될 것이다. 정확하게는 내가 겪은 시행착오와 그것을 극복하고 계속하는 여정이 독자들의 달리기에 학습효과가 있기를 바란다.

나는 30대 후반에야 철인 3종을 하고 싶어 달리기를 본격적으로 시작해서 40세에 마라톤 첫 'Sub-3'를 하고 그로부터 4년 후 2시간 48분의 개인 최고 기록을 수립했다. 마라톤 2시간 50분 언더, 소위 '249'를 하기 직전 나의 월간 달리기 거리는 3개월 평균 250㎞ 미만으로 다른 러너들에 비해 훨씬 적었고, 처음 Sub-3를 할 때는 그보다도 더 적어서 월간 200㎞를 넘지 않았다. 이것이 어떤 의미인지 마라톤을 해 본 러너라면 알 것이다. 마스터스 러너 사이에서는 Sub-3를 하려면 월 400㎞, 249는 500㎞, 시상대에 서려면 600㎞ 이상을 달려야 한다는 속설이 전해지고 있고, 그것을 완수하고도 목표에 도달하지 못하는 러너도 많다. 내 앞에서 마라톤을 마친 수많은 고수에 비해 대단하다고 할 수 없는 기록 이야기를 할 것이라면 굳이 긴 글을 쓸 필요는 없었을 것이다. 우리 인생을 수능점수로 판단하지 않는 것처럼 달리기는 기록만이 전부는 아니다.

내가 소개하고 함께하고 싶은 달리기는 ① 한정된 여건과 신체를 최대한 효율적으로 활용하여 각자의 목표에 도달하고 삶을 풍요롭게 만드는 여정이다. 한편으로는 ② 어마어마한 훈련량에 따른 육체적, 정신적 스트레스를 감당해야 하는 엘리트 선수들이 효율적인 달리기를 선택함으로써 조금 더 여유를 가지고 더 좋은 기록을 낼 수 있기를 바란다.

달리기를 잘해서라기보다는 효율적인 달리기 경험을 나누고 싶어서 러닝스쿨과 철인 3종 교실의 지도자를 10년 넘게 하고 있지만, 타고난 체력이 매우 약한 편이다. 이렇게 이야기하면 다들 어이없다는 표정으로 쳐다보곤 하는데 사실이다. 어릴 때부터 허약한 편이라 감기도 잘 걸리고, 늘 피곤해서 잠도 많고, 힘도 센 편이 아니고, 순발력도 보통 수준이어서 잘하는 운동도 거의 없었다. 한 마디로 타고난 체력도 운동 재능도 특별한 것이 없는 평범한 사람이다.

다만, 유독 오래달리기는 학창 시절 학급 대표를 할 정도로 아주 조금 하는 편이었는데, 초등학교 시절 뒷산을 넘어 학교에 다니고 중학교 1~2학년 시절 동네 친구들과 동네 한 바퀴 달리기 시합을 하며 놀았던 것이 영향을 주었을 것으로 생각한다. 그 나이에 최선을 다한 한 번의 달리기는 성인이 되어 수십 번 이상으로도 극복할 수 없는 차이를 만들어 낼 수 있음을 그 당시엔 몰랐다. 고인이 되신 나의 친형의 영향도 매우 컸다. 나는 학급 대표 수준이었지만, 형은 육상을 체계적으로 배우지도 않았고 특별히 달리기를 열심히 하지 않았음에도 학교 대표의 수준으로 고등학교 1학년 시절 3학년

까지 모두 참가한 교내체육대회 10㎞ 부문 우승을 하곤 했었다. 형과 함께 달리던 기억과 형의 달리는 모습은 내 청소년기의 스냅숏으로 영원히 머릿속에 남아있다. 달리기를 가르치게 되어 보니 당시 형이 가진 재능이 어떤 것이었는지 알 수 있었고 그가 체계적인 달리기 교육을 받았다면 아마도 대단한 선수가 되었을 수도 있었으리라 생각할 때도 있다. 내가 아이들의 달리는 모습을 허투루 보지 않는 이유이기도 하다.

나의 첫 번째 달리기 레이스는 사회 초년병 시절 직장 내 체육대회에서 10㎞ 부문에 출전한 것이었다. 요즘은 사라졌지만, 당시엔 각 회사나 기관에서 매년 자체 체육대회가 있었고 부서 대항으로 여러 가지 종목을 경기하며 단합하는 것이 일반적이었다. 그중 10㎞는 모든 직원이 힘들어서 마다하는 종목이기에 자연스럽게 신입의 몫이었다. 학창 시절 1,000m 오래달리기는 늘 반에서 1등이었지만 10㎞는 처음인데다 연습할 시간도 계획도 없어서 두세 번 5㎞ 정도 달려보고는 대회에 출전할 수밖에 없었다. 결과는 전체 3등으로 의외의 좋은 성적에 주변에서 놀라워했지만 전반 5㎞를 신나게 달리고는 후반에 등수를 지키느라 너무 힘들게 완주했었다. 전반 내달리고 후반 망가지는 습관이 이때부터 시작이었다. 다음 해엔 1등을 하리라 마음먹었는데 이듬해부터 10㎞ 종목은 체육대회에서 제외되었다. 고등학교와 대학교 입시를 위한 체력장의 오래달리기에서 잊을 만하면 사고가 나던 시기여서 그 영향을 받았을 것으로 짐작한다. 아무튼 그때 대회가 계속되었더라면 나는 훨씬 일찍 마라톤에 입문했을 가능성이 크다. 유일한 동기부여 요소가 사라지니 힘들고 재미없는 달리기 대신 야구, 농구, 골프 등 여러 가지 스포츠를 취미로 하며 신체적으로 달리기에 좋은 황금기를 넘겨 버린다. 싸이클, 달리기, 수영 등 근력과 지구력이 동시에 필요한 종목에서 나이가 얼마나 중요한지 나중에야 알게 되었다.

세월이 흘러 어느덧 2005년 30대 중반의 나이가 되어 갑자기 달리기가 하고 싶어졌다. 이번에도 집 근처 육상트랙에서 두 번 달려보고는 10㎞ 대회에 출전하여 45분의 탐탁지 않은 기록으로 완주한 후 계속할 마음도 있었으나, 그 정도 거리만 달려도 발목이 아프곤 했다. 중장거리 달리기는 신체에 많은 스트레스를 주기에 몸 가장 취약한 부위가 힘들어하게 마련인데 나의 경우는 그곳이 발목이었다. 부상을 예방해 줄 수 있는 기초훈련이나 천천히 달리기는 알지도 못했고 재미도 없어서 항상 레이스처럼 빠르게만 달린 결과였으나 딱히 의무감 없는 내게는 좋은 핑곗거리기도 했다.

그렇게 하는 둥 마는 둥 운동도 별로 않고 가끔 10㎞ 대회를 나가며 2년이 또 지나간 후, 2007년 수영 3.8㎞, 싸이클 180㎞, 달리기 42.195㎞를 쉬지 않고 계속하는 철인 3종 킹코스에 속된 말로 필이 꽂혔다. 이 시점에서 돌이켜보면, 내 인생은 결국 운동과 함께 해야 하는 운명이었던 것이고 그 시기가 온 것이다. 그때까지 수영을 전혀 할 줄 몰랐기에 숨쉬기부터 새롭게 시작해야 했고, 싸이클은 지인에게 10년 된 자전거를 싼값에 사서 무섭게 달리는 차들로

인한 두려움에 떨며 도로로 나서야 했다.

　세 종목 중 나름대로 자신이 있었던 달리기를 테스트하기 위해 그해 여름 여의도에서 개최되는 하프마라톤 대회에 처음 출전했다. 그전까지 훈련으로 가장 길게 달린 거리는 16㎞로 무더운 여름에 고생길이 뻔한 도전이었지만, 그저 뛰어다니는 걸 좋아하고 달리기에 관한 한 무식하고 용감했던 시기이다. 여의도에서 출발하여 행주대교 방향으로 달리는 전반부는 10㎞ 랩타임 42분대가 나왔다. 대회에 나오니 덜 힘들고 잘 달려진다 싶어 15㎞까지는 그럭저럭 그 수준을 유지할 수 있었으나 거기까지, 나머지 6㎞에서 지옥을 맛보았다. "내가 이걸 왜 시작했나?", "하프가 이 정도면 마라톤은 도대체 얼마나 힘든 거냐?", "그만둘까?", "그래도 처음부터 포기할 수는 없는데…." 탈진으로 거의 사색이 되었으나 머릿속은 여러 생각이 들었다. 기록은 1시간 39분으로 종반에 1㎞당 1분 30초씩 뒤로 밀린 결과였다. 아무 생각 없는 출전에 명백한 오버페이스였으나 당시엔 그렇게 생각하지 않았다. 거리 훈련이 부족하고 더운 날씨에 보급을 안 해서 후반에 밀린 거로 생각했다. 초보자들이 흔히 하는 변명이자 착각인데, 이걸 벗어나는 것이 생각보다 어렵다. 어쨌거나 그렇게 레이스 중에는 고생하고 힘들어서 다시 안 한다고 해놓고는 자고 나면 모든 것을 망각하고 다음 대회를 찾고 참가 신청을 하는 '마니아'의 대열에 나도 합류하였다.

　그 후 지역 철인 3종 클럽에 가입하여 주말이면 회원들과 함께 자전거를 타거나 달리기를 하는 것이 일상이 되었다. 초보자치고 달리기를 못 하는 수준은 아니었기에 선배들의 강한 권유로 그해 가을, 중앙일보 마라톤대회에 출전키로 한다. 지금과 마찬가지로 당시에도 3월의 동아일보 마라톤(서울국제마라톤), 10월의 조선일보 춘천마라톤, 11월의 중앙일보 마라톤(JTBC 마라톤)이 러너들의 가장 중요한 메이저 대회였다. 러너들은 줄여서 '동마', '춘마', '중마'로 불렀다. 30㎞ 이상을 달려본 적도 없는데 풀코스를 어떻게 완주하나 싶었지만, 이번에도 그냥 들이대 보았다. 사실상 백지 상태이기에 목표에 대한 개념도 없어서, 대회 한 달 전 참가한 하프마라톤 기록인 1시간 33분을 기초로 3시간 10분 소위 싱글에 도전하겠다고 하니 선배들이 그러냐고 하는데 속으로는 "너 잘난 척하더니 고생 좀 해라"는 표정이었다.

평생 잊을 수 없는 육체적 고통을 주었던 첫 번째 마라톤 완주는 그렇게 시작되었다. 초보자들이 하는 가장 큰 실수이자 착각이 하프마라톤을 달리고 나서 "나머지 절반도 이렇게 달리면 되겠네!"라며 가볍게 생각하는 것이다. 마라톤과 하프마라톤은 전혀 다른 종목이라는 걸 느끼는 순간은 30㎞ 이후에 처절하게 찾아온다. 이번에도 하프까지는 목표 페이스대로 신기하리만치 잘 달려져서 첫 출전부터 좋은 기록을 내려는 마음에 신나게 달렸다. 당시 코스는 반환점이 25㎞ 지점에 있었는데 그 지점을 통과하며 갑자기 요즘 말로 '현타'가 오기 시작했다. 이 시점에 다리가 무거워지고 있음을 느끼기 시작했다는 건 그날 레이스는 망했다는 것이지만 그때는 알 리가 없었다. 30㎞를 지나니 페이스가 급격히 떨어지기 시작했고 아무리 속도를 올리려 해도 온몸이 무겁고 발목은 아프고 다리는 말을 듣지 않았다. 그렇게 종반 10㎞는 페이스가 문제가 아니라 계속 뛰는 것 자체가 너무 힘들어지는 지경으로 오로지 포기할 수는 없다는 마음으로 잠실종합운동장을 향했다. 기록은 3시간 29분으로 전 후반 편차가 20분에 이르렀으니 마지막 10㎞에서 얼마나 사투를 벌였는지 짐작이 될 것이다. 허리가 무너지고 얼굴은 일그러진 아래 피니쉬 사진이 증명해 준다.

2007 중앙일보 마라톤대회

이날 레이스의 본질은 '자신도 잘 모르는 상태에서 달성할 수 없는 목표를 세우고 그 결과로 오버페이스'를 한 것이다. 러너의 관점에서, 많은 함축적 의미와 분석이 필요한 날이었지만, 당시엔 이번에도 거리 훈련 부족이라고 생각하고 다음엔 장거리를 더 많이 달려보고 출전해야겠다는 단순한 결론을 내린다. 정도의 차이는 있지만, 대부분 초보자는 나와 유사한 경험을 하고 있음을 코칭 과정에서 수도 없이 보았다. 만약 나 스스로 그날로 돌아가서 코칭을 한다면, "까불지 말고 충분히 준비한 후에 마라톤에 도전하라"고 했을 것이다. 그럼에도 불구하고 이번에 반드시 해야 하겠다면 "목표를 3시간 30분으로 늦추어 잡고 처음부터 5'00"/㎞ 페이스로 달리라"고 했을 것이다. 그랬다면 훈련량이 적더라도 3시간 20분 전후로 들어왔을 것이며, 무엇보다 이븐페이스 또는 후반이 더 빨라지는 네거티브 스플릿을 몸에 익히는 중요한 과정이 되어서 이후의 시행착오를 많이 줄일 수 있었을 것이다.

"달리기 기록을 좌우하는 것은 절반이 적절한 훈련이고 나머지 절반은 목표설정과 페이스 조절 능력"이라고 나는 말한다. 또한 '페이스 조절은 습관의 영역'이기도 하다. 한 번 오버페이스가 기억되면 이후엔 그러지 말아야지 하면서도 몸이 알아서 전반 힘이 있을 때 마구 달리고, 후반에 퍼지는 것을 반복하게 된다. 나는 이것을 반드시 끊어주는 계기가 있어야 한다고 믿고 러닝클래스 수업에서는 평소 훈련 때부터 오버페이스를 냉정하게 나무라는 편이다. 중앙일보 마라톤대회에서 2007년에 이어 2008년과 2009년 내리 두

번을 더해 총 3회를 똑같은 방식으로 전반 신나게 오버페이스, 후반 처절하게 망가짐으로 장식했다. 특히 2009년엔 전반 Sub-3 페이스를 여유 있게 앞서가다가 후반에 20분을 밀려서 3시간 14분에 마치고선 정말 처참한 생각이 들고 창피해서 고개를 들 수 없었다. 뒤에 있던 Sub-3 및 싱글 페이스메이커가 앞질러 가는데도 아무리 애를 써도 따라갈 수 없는 상황을 경험해 본 러너는 그 심정을 이해할 것이다.

물론 핑계가 없던 것은 아니다. 철인 3종의 경우 5월부터 10월까지 세속 대회가 이어지고 여름부터 초가을까지 메이저인 킹코스(IRONMAN) 대회가 치러지기 때문에 사실 아이언맨 대회를 마치고 가을 마라톤을 달리기엔 너무 지쳐있는 상태이기는 하다. 킹코스는 아침 7시에 바다나 강, 호수 등에서 오픈워터 3.8㎞ 수영부터 시작하여 180㎞ 싸이클을 거쳐 마라톤까지 마치면 저녁에야 경기가 끝나는 극한의 스포츠로 대회 완주 후 회복하려면 3개월은 운동량을 낮추고 조절해야 한다. 나도 2008년부터 매년 여름에 아이언맨 코스를 완주했다. 그때는 그런 것도 모르고 대회를 욕심내던 질풍노도의 시기였다.

러너에게 매년 3월 중순에 개최되는 서울국제마라톤대회는 평탄한 코스와 다소 쌀쌀한 날씨 덕분에 기록의 산실이고, 동계 훈련의 결과를 세상과 자기 자신에게 보여주는 중요한 축제이다. 2007년 중앙일보 마라톤대회에서 실망한 후 그까짓 싱글은 패스하고 다음 해 서울국제마라톤대회에서 바로 Sub-3를 하겠다는 야심 찬 목표를 세웠다. 그해 겨울을 보내면서 난생처음 주말마다 20㎞가 넘는 거리주를 꾸준히 했고 이후 매해의 루틴이 되었다. 목표가 분명했기에 영하 10도의 추운 날씨에도 새벽부터 달리기할 정도로 열정이 있었다. 주력이 쌓이다 보니 마라톤에 대해 조금씩 알게 되고 대회일이 다가올수록 무리한 목표였음을 깨닫는다. 대회 당일 Sub-3는 어렵겠지만 최대한 근접시켜 보겠다는 목표를 가지고 출발했다. 이번에도 전반에는 3시간 초반대 기록이 가능한 페이스로 잘 달렸는데, 30㎞ 지점에서 잠시 멈추어 물을 마시고 다시 출발하려는데 무릎이 찢어질 듯 통증이 왔다. 처음 겪는 통증에 순간 당황하여 천천히 달리며 나아지기를 바랐지만, 통증은 계속되고 페이스는 흐트러지고 신체 피로도 몰려오기 시작했다. 지나가는 패트롤을 불러 파스를 뿌리고 걷뛰를 반복하며, 30㎞까지 달린 시간과 마지막 12㎞를 걷뛰한 시간이 비슷해진 4시간 6분의 허무한 기록증을 받았다. 무릎 통증은 심각한 부상으로 이어질 수 있기에 아쉽더라도 거기서 경기를 포기했어야 했다. 부상과 맞바꾸기에는 실질적으로 아무 의미가 없는 완주 욕심에 계속한 결과 대회 후 한 달간 달리기를 할 수 없었다.

무릎부상 외에도 달리기를 하면서 참으로 다양한 부상을 겪었다. 발목통증은 처음 10㎞를 뛸 때부터 늘 따라다니는 부상이어서 마음껏 달릴 수 없게 만드는 가장 큰 이유였다. 그 외에도 햄스트링 부상, 장경인대염, 족저근막염, 정강이부상, 종아리부상, 골반

부상 등 부상이 올 때마다 달리기를 쉬며 극복하는 과정을 통해 러너에게 부상은 잘 달래고 운동량을 조절해서 함께 가야 하는 동반자라는 생각을 하게 되었다. 처음 달리기를 시작한 이래 업무, 코로나19 등으로 한동안 달리기를 쉬어야 하는 때는 있었어도 부상 때문에 장기간 달리기를 포기해야 할 정도의 중증으로 악화한 경험이 없는 것은 그런 인내하고 조절하는 과정이 있었기 때문이다. 당장의 욕심에 부상 대응에 미온적이다가 상태를 악화시켜서 아킬레스건이 끊어지거나, 무릎에 물이 차거나, 족저근막염이 심해져 수술을 하는 등으로 6개월 이상 운동을 하지 못하고 결국 달리기를 포기하는 사례를 많이 보았다. 달리고 싶은 욕심, 기록이나 순위에 대한 욕심을 통제하지 못하는 러너는 결국 '마니아' 단계에서 달리기 자체를 포기할 가능성이 커지게 된다. 달리기를 할 수 없는 삶을 상상하고 싶지 않다.

나는 2007년 말에 이미 10㎞를 40분 이내에 달릴 수 있었고, 2008년 말에는 39분 이내의 기록을 내고 있었다. 잭 다니엘스의 VDOT일람표에 대입해 보면, 2008년에 이미 Sub-3를 할 수 있는 스피드는 만들어져 있었다는 이야기가 된다. 결국 나머지는 적절한 거리훈련과 페이스 조절인데 위에서 말한 부상 때문에 달리고 싶은 만큼 달릴 수가 없었다. 그래서 어떻게 하면 적은 운동량으로 최선의 기록을 낼 것인가에 집중하게 되었고 그 결과 월간 러닝 거리 200㎞ 이하로 Sub-3를 하고 '249'도 250㎞ 미만으로 할 수 있었다.

2009년엔 무리한 스피드 훈련에 따른 부상으로 출전을 포기하고, 답답했던 시간이 흘러 2010년 3월 서울국제마라톤대회 3주 전 마지막 훈련이자 점검 목적으로, 당시 가장 비싸고 인기 있던 초경량 레이스화를 착용하고 32㎞ 대회에 참가하여 2시간 13분을 기록함으로써 사실상 Sub-3를 예약했다. 그런데 가볍기만 하고 쿠션이 없는 레이스화를 신는 바람에 그날의 달리기로 약한 발목에 부상이 와서 3주 동안 달리기는 못하고 수영과 싸이클로 대체 운동만 해야 했다. 레이스 당일 다소 투박하고 쿠션이 있는 러닝화로 바꾸고, 무리다 싶으면 지하철 타겠다며 마음도 비우니 페이스 통제가 잘 되어 2시간 59분의 아슬아슬한 기록으로 감격의 Sub-3를 달성하고 피니쉬 순간 그동안의 설움(?)에 울컥하기도 했다.

나의 달리기에 있어서 Sub-3는 시작이었다. 그때까지도 나는 천천히 달리기라는 개념에 관심이 없었고, 워밍업 과정에서만 천천히 뛰는 것이어서 몸이 풀리면 그냥 신나게 달리곤 했다. 양껏 달려야 운동한 것 같았고, 남들이 LSD를 해야 한다고 하면, 그러려고 나가서는 어느덧 마라톤 페이스로 거리를 소화하다 지치곤 하는 것이 나의 달리기였다. Sub-3 이후에는 그것을 유지하는 것은 당연하고 더 빠른 기록으로 가고 싶은 욕심이 생기게 마련이라 달리기 거리를 늘리고, 스피드 훈련도 해야 하는데 어김없이 부상이 앞길을 가로막았다. 이대로는 안 되겠다는 생각이 들었다. 열정으로 포장된 욕심을 잠시 내려놓고 모든 것을 재검토하는 과정에 들어갔다.

2012년은 나의 러너 분류상 '마니아'에서 '러너(The Runner)'로 진화하는 대전환의 해가 된다. 2012년 6월까지 나의 러닝 자세는 전형적인 뒤꿈치 착지(리어풋)에 큰 보폭으로 성큼성큼 달려서 스텝수가 170spm(Steps per minute)도 채 나오지 않았음을 아래 2012년 6월 하와이 아이언맨 70.3 대회에서의 러닝 모습이 보여주고 있다.

2012 IRONMAN 70.3 Hawaii

우선 포어미드풋(보통 포어풋과 미드풋을 구분하지만 나는 두 동작을 연결 동작으로 보기에 용어를 통합했다) 착지로 변화하기 위하여 러닝화를 앞꿈치 착지에 적합한 오프셋(Offset: Heel to Toe Drop)이 낮은 신발로 바꾸고, 천천히 뛰고 걷고 다시 천천히 뛰고 걷기를 반복하는 지루한 과정을 시작했다. 이 과정 없이 바로 포어미드풋으로 착지하면 종아리 통증이 엄청나고 그것을 견디더라도 부상의 위험이 커진다. 그렇게 3개월간 천천히 달리면서 내 몸과 달리기 자체에 집중하다 보니 천천히 달리기의 중요성과 러닝의 메커니즘을 몸으로 느낄 수 있게 되는 기대치 않았던 큰 소득도 얻게 되었다. 뒤에서 소개하게 될 달리기 이론 중 내가 가장 자부심을 가지고 있는 무릎이 주도하는 (Knee Leading) 달리기는 그렇게 탄생한 것이다. 발을 뻗어서 착지만 포어미드풋으로 하는 인위적인 동작이 아닌 무릎이 주도적으로 선행하고 그 아래에서 자연스럽게 포어미드풋을 딛게 되면 에너지와 근력 소모가 큰 불필요한 킥을 없애주어 자세를 좋게 하고 효율성을 높일 수 있다.

한편, 스텝수를 185spm 수준으로 올리기 위해 메트로놈을 켜고 박자를 맞추며 천천히 달렸다. 처음에는 이전보다 빠른 스텝수를 쫓아가느라 다리가 너무 바빴고 메트로놈 없이도 185spm이 나오기까지는 상당한 시간의 훈련이 필요했다. 그렇게 표준스텝수가 익숙해지니 달리기 리듬이 훨씬 안정적으로 바뀌고 편해져서 레이스 후반 급격하게 페이스가 떨어지는 일이 없어졌다. 러닝이코노미가 더 좋아진 것이다.

착지 방식 변경이나 스텝수 조정은 각각이 러너에겐 쉽지 않은 변화인데 두 가지를 동시에 바꾼 것은 당시 내가 얼마나 절실했는 지 짐작할 수 있다. 반복된 시행착오와 그것을 극복하고 개선하려 는 노력이 정리되고 결실을 보았을 때, 이것을 나만 알 것이 아니라 많은 사람에게 알리고 그들과 함께 더 진보하려는 의지가 엘리트 선수 출신도 아닌 동네 달리기 좋아하는 아저씨가 러닝스쿨을 개설 할 용기를 내게 해 주었다. 어떤 형태로든 코칭이나 강의를 진행해 본 분들은 직접 하는 것과 가르치는 것 사이의 간극을 메우기 위 한 노력을 이해할 것이라 믿는다. 그리고 그 과정에서 배우는 사람 보다 가르치는 사람이 훨씬 크게 성장한다는 점도 알 것이다. 강습 하는 과정에서 내게 부족한 부분은 한국체육대학 엘리트 육상선수 출신 조현수 코치, 남임경 코치와 함께 진행하면서 많은 것을 채울 수 있었다. 두 분의 헌신과 지원이 없었다면 나의 시도는 실험으로 끝났을지도 모른다.

무엇보다 우리 러닝스쿨을 믿고 선뜻 본인의 달리기를 맡긴 연 인원 수천 명의 러너가 있었기에 내가 체험하고 연구한 이론을 함 께 달리며 현장에 적용하고 개선할 수 있는 하늘이 준 기회가 되었 다. 그분들이 계셨기에 혼자서는 경험할 수 없는 다양한 데이터가 축적될 수 있었고 나는 진짜 러너(The Runner)가 되는 데 필요한 것이 무엇인지 알 수 있게 되었다.

러닝스쿨에서 회원들과 함께 땀을 흘리는 사이 2014년 3월 서울국제마라톤대회에서 2:48'32"의 개인 최고 기록을 달성할 수 있었다. 나의 적은 훈련량을 고려할 때 전반 1:24'00" 후반 1:24'32"로 거의 완벽한 이븐페이스는 그동안의 주장과 이론을 증명할 수 있는 결과였다. 기록보다 훨씬 중요한 것은 준비하는 과정 및 대회에 임하는 마음가짐, 페이스 설정 및 조절, 러닝 자세, 훈련법, 동료들에 대한 배려, 교육에 대한 열정, 라이프 스타일과 달리기의 조화 등 모든 것이 바랄 게 없는 수준의 러너가 되어가고 있었다는 점이다.

## 2014 서울국제마라톤 겸 제85회 동아마라톤대회

이 름 Name **황문상**

최종기록 Net Time **02:48:32**　　　성 별 Gender **M**　　　참가번호 Entry No **S44006**

| 5km | 00:20:11 | 10km | 00:19:50 | 15km | 00:19:46 |
|---|---|---|---|---|---|
| 20km | 00:19:53 | Half | 01:24:00 | 25km | 00:19:59 |
| 30km | 00:20:01 | 35km | 00:20:09 | 40km | 00:20:08 |

We hereby certify that the above is the true record of performance. 위에 기재된 내용이 틀림 없음을 확인함.

March 16, 2014　　2014년 3월 16일

東亞日報　사장　김 재 호

The Dong-A Ilbo, President  Jae-Ho Kim

2014 서울국제마라톤대회

  나는 더 좋은 기록을 내는 방법을 알게 되었지만, 나의 삶과 건
강에 균형을 맞추는 수준 이상 욕심을 내지 않는 선택을 한 후, 그
범위 안에서 최선을 다한다. 기록에 대한 욕심을 내기엔 나이가 너
무 많다는 것도 알고, 욕심 부리면 다른 많은 것을 잃을 것이라는
점도 안다. 나의 자리는 시상대가 아니라 러닝 클래스에서 함께 달
리며 코칭하는 '러닝 어드바이저(Running Advisor)'인 것이다. 어린이부
터 70대 형님, 야구선수, 축구선수, 농구선수, 육상 및 철인 3종 엘
리트 선수 등 다양한 계층의 러너들과 함께 달리면서 모든 러너는

각자의 사정과 러닝 체계, 타고난 자세가 있음을 이해하고, 받아들이고 때로는 함께 고치면서 다음 과정으로 나아가게 되었다. 나보다 잘 달리는 러너를 시기하지 않고 응원하며, 나보다 느린 러너를 무시하지 않고 격려하고 배려하는 러너가 되었다. 어떤 사람과 만나더라도, 달리기와 함께 하는 인생에 관해 이야기를 나눌 수 있는 '러너(The Runner)'가 된 것이다.

다음 장부터 이어질 효율적인 달리기의 원리와 표준, 자세, 훈련법은 뉴턴러닝스쿨과 nineattack 철인 3종 교실을 거쳐 현재에도 nineattack 러닝클래스에서 실제 실행하는 프로그램에 기초하고 있다.

# 효율쩍인 달리기의 원리Principles와 표준Standard

# Knee Leading
# Fore-Mid Foot Landing
# Standard Steps

# 효율적인 달리기의 효과

달리기 기록이나 수준과 관계없이 러너라면 효율적인 달리기에 관심을 가지지 않을 수 없을 것이다. 엘리트 선수에게는 퍼포먼스 향상을 위한 필수적인 과정이고, 보통의 러너에게도 변화나 진보가 없는 달리기는 시간이 흐르면 결국 흥미를 잃고 다른 종목으로 갈아타거나 TV를 보며 소파와 한 몸이 되어 뒹굴뒹굴하는 과거로 돌아가는 길이 되게 마련이다.

누구나 효율적으로 달리기를 할 수 있는 몸을 가지고 있지만, 그 단계에 들어가는 러너는 많지 않다는 것을 마라톤대회에 가면 볼 수 있다. 비전문가가 보아도 몸에 무리가 갈 것 같은 자세로 달리는 러너들이 너무나 많다. 달리기는 그 자체만으로도 건강과 즐거움을 얻을 수 있는 운동이기에 자세나 기록을 가지고 개인의 선택에 대해 옳고 그름을 논할 이유도 당위성도 없다. 다만, 코치이자 달리기에 대하여 요즘 유행하는 말로 조금 더 진심인 나의 시선에는 다소 안타까운 면도 있다는 점을 말하고 싶다. 그들이 조금만 관심을 가지고 효율적인 달리기를 고려하고 변화를 준다면 그동안 느끼지 못했던 더 활력 있고 건강한, 몸을 보호하는 달리기를 할 수 있을 것이라는 생각을 하게 된다.

달리기 영역의 최고 레벨에서 초 단위 경쟁을 하는 엘리트 선수의 경우는 더더욱 러닝이코노미를 향상할 수 있는 좋은 자세와 효율적인 달리기, 효과적인 훈련법에 관심을 가져야 한다. 나는 다수의 엘리트 육상선수 출신으로부터 달리기 교육을 받고 그보다 훨씬 많은 전·현직 선수들과 달리기에 관한 이야기를 나누면서 그들이 달리기 자세나 효율에는 그다지 관심이 없고 자신들이 어릴 때부터 익숙한 방식 그대로 훈련량에 주된 관심을 두고 있다는 사실이 놀랍고 한편으로는 이해가 되지 않았다. 올림픽이나 세계적인 대회에 출전하는 탑 클래스 육상선수 중에는 달리기 효율을 떨어뜨릴 정도로 자세가 엉성한 선수를 찾기 어렵지만, 전국체전이나 소년체전 같은 국내대회를 보다 보면 과연 엘리트 선수가 맞나 싶은 폼을 가진 선수들을 어렵지 않게 볼 수 있다. 엘리트 선수들과 이야기를 나누면서 그 이유를 알게 되었다.

국내외를 막론하고 엘리트 마라톤 선수는 대회를 앞두고 월평균 800㎞ 이상, 많은 선수는 1,000㎞ 이상 훈련하는 것으로 알려져 있다. 모든 선수가 그렇게 훈련하고 있다면 경쟁에서 이기기 위한 가장 쉬운 방법은 더 많은 거리를 훈련하는 것이지만, 이미 더는 늘리기 어려운 수준의 훈련을 하고 있고 우리 신체는 무제한의 훈련을 견딜 수는 없다. 그렇다면 해법은 훈련의 양(Quantity)을 경쟁자들과 비슷하게 유지하면서 질(Quality)을 올리는 수밖에 없음을 쉽게 짐작할 수 있으며, 효율적인 달리기는 그 질에 관한 이야기다.

매월 비슷한 거리를 훈련하는데 마라톤을 2시간 5분 이내에 완주하는 선수가 있는 반면에, 2시간 15분 이내도 버거운 선수가 있다. 엘리트 레벨에서 10분은 완전히 클래스가 다른 수준인데 그 차이의 원인이 무엇인지 고민해 볼 필요가 있다. 나는 기록이 쳐진 선수를 비난하거나 질책하고자 하는 것이 아니다. 그들도 어린 시절부터 열심히 운동에 집중해서 국내 최상위권 선수가 된 엘리트들이다. 무엇이 그들을 우물 안 개구리로 만들었는지에 대해 생각해 보았을 때, 시스템과 인프라의 차이 등 많은 이유가 있겠으나 그중의 하나가 효율적이지 못한 달리기를 답습하고 있는 것은 아닌지 묻고 싶은 것이다. 동아프리카 선수들과 동양인은 선천적인 체형과 근육이 다르니 극복 불가능하다고 말하는 이도 있는데, 어불성설이라는 건 역사가 증명하고 있다. 그리고 나는 현재를 기준으로 이웃 나라 일본과 우리나라의 차이를 말한 것이다.

그렇다면 효율적인 달리기를 위해서는 무엇이 필요할까? 나는 아래의 여섯 가지 핵심 요소로 특정한다. 각론에 대해서는 다음 장에서 자세하게 살펴보자.

① 포어미드풋 착지 (Fore-Mid Foot Landing)
② 중장거리 달리기에 적합한 표준스텝수 (Standard Steps)
③ 무릎이 선행하는(Knee Leading) 달리기 메커니즘의 완성
④ 달리기에 짐이 되지 않는 팔치기
⑤ 개인의 역량을 고려한 정교한 훈련
⑥ 효율적인 레이스 운영을 위한 네거티브 스플릿 (Negative Split)

위와 같은 핵심 요소가 충족되는 효율석 날리기를 하게 되면 아래와 같은 긍정적인 효과를 기대할 수 있다.

**① 신체 각부의 역량을 최대한 활용하여 더 좋은 퍼포먼스를 기록할 수 있다**

모든 러너가 세계적인 수준의 엘리트 선수가 될 수도 없고 그럴 필요도 없다. 다만, 그들만큼은 아니어도 비슷한 자세와 달리기 메커니즘은 얼마든지 보통의 러너들도 느낄 수 있다. 발끝부터 머리까지 온몸을 활용하여 훨씬 다이내믹한 달리기를 할 수 있고, 더 강한 근육과 인대를 가지게 되고, 더 튼튼한 심장과 폐를 통해 세포 구석구석 원활한 혈액순환을 가능하게 만들 수도 있어서 궁극적으로 더 왕성하고 건강한 삶을 가능케 한다. 한편, 엘리트 선수를 포함하여 모든 러너는 그 과정에서 이전보다 더 좋은 기록을 받

게 될 것이다. 달리기에 있어 더 나은 성과가 가시화되는 것은 가장 강력한 추진력으로 러닝이 우리 삶의 일부분이 되어 보다 만족스러운 인생을 설계할 수 있도록 도와줄 것이다.

## ② 신체 스트레스를 최소화하고 부상의 가능성을 감소시킨다

부상이 발생하는 이유 대부분은 과한 훈련 또는 나쁜 자세로 인해 특정 부위에 지나친 스트레스가 집중되어 나타나게 되는데 효율적인 달리기를 통해 신체를 고르게 발달시키고 좋은 자세로 신체 부담을 분산시킬 때 부상이 감소하는 것은 자연스러운 과정이라 하겠다. 예를 들어 최대한의 보폭과 표준스텝수를 확보하는 것은 허리, 고관절, 엉덩이, 허벅지, 무릎, 종아리, 발목, 발바닥까지 신체 대부분을 포함하는 광범위한 움직임의 변화이기에 연관된 각종 근육과 힘줄, 인대를 다양하게 활용함으로써 특정 부위에 지나친 스트레스가 가해지는 것을 감소시키게 된다.

## ③ 궁극적으로 러닝이코노미가 좋아진다

러닝이코노미는 동일한 산소의 양으로 누가 더 잘 달리느냐의 척도인데 그것은 곧 누가 더 신체를 효율적으로 사용하여 달리기하느냐와 같은 것이다. 운동 생리학자들은 최대산소섭취량(VO2Max)보다 러닝이코노미가 기록에 더 큰 영향을 미친다고 말한다. 좋은 자세와 효율적인 러닝 메커니즘을 가지게 되면 달리기가 더 쉽고 편해져서 경쟁과 기록 단축에도 훨씬 유리한 위치에 서는 것이다.

### ④ 운동하는 방법과 습관을 효율적으로 변화시킨다

효율적인 달리기를 추구하다 보면 자세뿐만 아니라 달리기와 관련된 전반에 변화와 발전을 유도한다. 늘 동일한 장소에서 쉬운 페이스로 동일한 거리를 달리는 것은 스스로 지루함 속으로 들어가는 것이며, 재미없는 운동을 지속할 수 있는 사람은 그리 흔치 않고, 어느 순간 별다른 의미 없는 활동이 될 수 있다. 이 과정을 하나의 키워드로 징리하면 '신체에 적당한 자극'을 꾸준히 반복해서 주는 것이다. 천천히 달리기로 부담 없이 달리는 날을 가장 많이 가져가되, ① 나에게 가장 적합한 스텝수를 찾고, ② 레이스 페이스 런, 트랙에서의 강도 높은 인터벌 등 스피드 트레이닝으로 유산소 운동에 최적화시키고, ③ 자세와 좋은 리듬의 확보 및 스피드 향상을 위한 리피티션 훈련을 주기적으로 실행하고, ④ 트레일런을 통해 업힐과 다운힐 등 다양한 노면의 자극에 적응함으로써 자세, 속도, 거리, 러닝 패턴에 지속해서 변화와 자극을 주고, ⑤ 천천히 달리기부터 인터벌, 리피티션, 크로스 트레이닝까지 모든 달리기 훈련 안에서 더욱 정교함을 추구하는 것이 효율적인 달리기의 일환인 것이다.

# 포어미드풋 착지(Fore-Mid Foot Landing)

달리기에 있어 착지 시 발의 앞꿈치가 먼저 닿아야 하는지(Fore Foot Landing), 뒤꿈치가 먼저 닿아야 하는지(Rear Foot Landing)는 달리기 자세 이론의 가장 중요한 쟁점으로 현재도 뜨겁게 논쟁 중인 이슈이지만, 최근의 추세는 다소 포어미드풋으로 기울고 있다고 판단된다. 과거보다 훨씬 많은 러너들이 포어미드풋 착지를 하고 있음을 대회장이나 주변의 주로에서 확인할 수 있다. 최근 나의 러닝클래스에 최초로 참여하는 회원을 대상으로 비교해 보아도 약 7:3의 비율로 포어미드풋 착지 러너가 다수를 점하고 있다.

맨발의 마라토너 에티오피아의 아베베 비킬라(Abebe Bikila)가 세계기록으로 올림픽 마라톤을 제패한 지 50년이 넘었고, 그를 보고 자란 앞꿈치로 먼저 착지하는 동아프리카 선수들이 세계 중장거리 러닝과 마라톤을 점령한 지도 30년이 넘어서고 있음에도 아직도 이 논쟁이 진행 중이라는 사실은 인간이 익숙한 것에 변화를 주는 게 얼마나 어려운지 새삼 실감할 수 있다. 여전히 동의하지 않는 러너들이 있겠지만, 효율적인 러닝 자세를 전문적으로 체험·연구한 나의 견해는, 이것이 단지 착지 포지션의 문제가 아니라 달리기 자세 전반을 아우르는 복합적인 메커니즘의 일부로서, "앞꿈치가 먼저 바닥에 닿아야 한다"고 분명하고 단호하게 이야기한다.

우선 '충격 흡수와 부상 예방 측면'에서 뒤꿈치가 먼저 닿는 것에 비해 앞꿈치 착지가 더 부드럽고 안전하다는 것은 이론의 여지가 별로 없을 것이다. 뒤꿈치 착지는 무릎과 골반, 허리, 머리까지 몸 전체에 충격을 더 크게 하고 보폭이 커질수록 그 부정적인 효과는 더욱 증가하여 발바닥부터 허리까지 수많은 부상의 가능성을 증가시킬 수밖에 없다.

기본적으로 대부분의 부상은 욕심이 초래하는 과훈련(Over Training)의 결과물이기에 전적으로 자세에서 기인하는 것은 아니라는 점을 우선 분명히 할 필요가 있다. 대회를 준비하고 스피드에 관심을 깇고 기록을 단축하려고 하는 러니는 욕심을 내어 훈련하게 되고 그 과정에서 자신의 몸 상태를 초과하는 지나친 운동량 및 잘못된 운동 패턴이나 습관이 대부분의 부상을 만드는 것이라는 점을 먼저 이해하고 받아들여야 부상의 늪에서 벗어날 수 있다.

다만, 뒤꿈치 착지와 앞꿈치 착지를 모두 경험하고 궁극적으로 포어미드풋 착지 러너가 된 나의 경험과, 현재 중장거리 달리기 기록 단축 및 자세의 주류가 되어 있는 수많은 엘리트 선수의 사례에서 알 수 있듯이, 앞꿈치 착지가 뒤꿈치 착지에 비해 같은 운동량에서 더 적은 부상을 발생시키는 것은 부정하기 어려운 팩트이다. 특히 매일 긴 시간을 달리기하며 엄청난 운동량을 소화해야 하는 엘리트 선수에게 간과할 수 없는 중요한 사항이다.

두 번째로 '달리기 스피드 측면'에서 뒤꿈치가 먼저 닿게 되면 브레이킹 효과가 발생할 가능성이 높고, 다음 동작으로 이어지기 위해서는 더 많은 에너지와 힘을 사용하여 지면을 차 주어야 하고, 더 강한 힘으로 다리를 들어 옮길 수밖에 없으며, 그것은 전체적으로 매끄러운 러닝 메커니즘의 진행을 더 힘들게 만든다.

반면 앞꿈치로 착지하기 위해서는 다음 장에서 설명할 무릎이 선행하는 달리기와 자연스럽게 결합되어 앞으로 나가는 데 있어 걸림돌을 최소화하고 에너지 소모를 감소시켜 효율적인 달리기를 하는 데 크게 도움을 주게 된다. 스피드를 극대화해야 하는 단거리 육상선수들이 레이스 내내 뒤꿈치를 전혀 사용하지 않고, 무릎을 조금이라도 더 높이 올리는 훈련에 많은 시간과 노력을 하고 있는 점이 그것을 실제로 증명하고 있다.

세 번째로 앞꿈치 착지를 위한 트레이닝 과정에서 종아리부터 아킬레스건을 거쳐 발바닥으로 이어지는 핵심 근육과 인대를 단련시켜주어 다리 전체의 근육이 유기적으로 스트레스를 분산하고 러닝 에너지를 증폭시킬 수 있도록 변화된다. 앞꿈치 착지가 부상을 예방하고 탄력적일 수 있는 이유를 해부학적으로 보면 착지 시 아킬레스건, 가자미근, 정강근 등 종아리 중·하단 및 발바닥에 위치한 근육과 인대가 강화됨으로써 뒤꿈치 착지에 비해 상대적으로 훨씬 강력한 완충 역할을 하며 추진력을 낼 수 있기 때문이다.

# 리어풋 착지에서 포어미드풋 착지로의 변환 방법 및 주의사항

동아프리카의 아이들처럼 맨발 생활을 하며 성장하지 못한 현대인들은 어느 날 갑자기 앞꿈치로 착지하며 달리기에는 너무 약한 다리와 발을 가지고 있어 충분한 시간과 노력을 들여 적응과정을 거치지 않은 상태에서 자세를 바꿀 경우 부상으로 이어질 수 있다는 점은 주의해야 할 것이다. 바꾸어 말하면 달리기 초보자는 물론, 베테랑 러너라도 이제까지 뒤꿈치 착지를 했다면 위에 언급한 근육과 인대가 상대적으로 약하기 때문에 그것을 강화시키는 과정 없이 자세를 바꿀 경우 예상치 못한 부상을 입을 수 있으므로 처음에는 러닝과 걷기를 번갈아 하면서 단계적으로 포어미드풋 착지 시간을 늘려주는 인내심이 필요하다.

슬로조깅과 걷기를 반복하는 것과 유사하게, ① 400m 트랙에서 300m를 앞꿈치로 천천히 러닝하고 100m를 걷는 것으로 시작해서 ② 2~3개월간 단계적으로 러닝 거리를 늘리고 걷는 시간을 줄이는 방식을 추천한다. 나도 그 과정을 거쳤고 러닝스쿨에서 수천 명을 가르치면서 검증된 트레이닝 방법이다. 포어미드풋 착지를 위해서는 러닝화의 선택도 매우 중요하다. 신발의 뒤축과 앞축의 높이 차이를 오프셋(Offset) 또는 힐-투-토-드롭(Heel to Toe Drop)이라고 하는데 그 높이가 6㎜를 초과하지 않는 러닝화를 착용하면 포어미드풋 착지를 연습하는 데 크게 도움이 된다. 그보다 뒤축이 높은 일반적인 러닝화는 앞꿈치가 지면에 착지할 때 발이 앞쪽으로 밀려서 정확한 포어미드풋 착지 구사를 방해하게 된다.

　주의를 요하고 어려운 부분은 중장거리 러너의 앞꿈치 착지는 단거리 선수처럼 뒤꿈치가 전혀 닿지 않고 앞꿈치로만 착지하는 것은 아니라는 점이다. 최근 유행하는 슬로조깅 자세와의 결정적인 차이점이기도 하다. 앞꿈치가 먼저 착지하고 뒤꿈치가 가볍게 터치하는 수준까지 내려온 후에 다음 동작으로 이어져서 신체부담을 줄이지 않으면, 긴 거리를 달리는 동안 아킬레스건 등 종아리 아래 신체가 견딜 수 없다. 맨발로 달리기하는 아프리카 선수들의 슬로모션을 보면 그것을 명확히 보여주고 있다. 그들도 뒤꿈치를 지면에 딛고 다음 동작으로 이어진다. 이 과정이 극히 짧은 시간에 반복되는 것이기에 중간발로 착지하는 듯한 느낌이 들 수도 있다. 내가 포어풋 착지(Fore Foot Landing)라 하지 않고 '포어미드풋 착지(Fore-Mid Foot Landing)'라 표현하는 이유이다. 결국 중장거리 달리기 자세에 있어서는 뒤꿈치가 지면에 닿는가 안 닿는가가 아닌, '착지 시 제일 먼저 닿는가(리어풋)'와 '착지 후 닿는가(포어미드풋)'의 문제인 것이다.

# 중장거리 달리기에 적합한 표준스텝수(Standard Steps)

육상 100m의 전설 자메이카의 우샤인 볼트(Usain Bolt)는 세계기록 수립 시 41걸음을 걸었고, 195㎝의 신장에서 한 걸음당 243㎝를 246spm(Steps per minute)의 스텝수로 달린 셈이다. 그 외에도 탑 클래스 단거리 선수들은 대략 45걸음으로 100m를 주파하며, 한 걸음당 220㎝를 270spm의 스텝수로 달린다. 상대적으로 다리가 짧은 선수들은 더 빠르게 다리를 움직이며, 실로 엄청난 케이던스(Cadence)가 아닐 수 없는데 여기에 중요한 시사점이 있다. 달리기 경기는 발을 빨리 움직인 숫자로 순위를 정하는 게임이 아니라 누가 빨리 목적지에 도착하는가를 기준으로 하는 것이다. 우샤인 볼트는 큰 키와 긴 다리에서 나오는 거대한 보폭이 있었기에 다른 선수들보다 더 적은 걸음 수로도 최고가 될 수 있었고 발을 더 빨리 움직이려는 노력을 덜 해도 되었던 것이다.

그렇다면 단거리가 아닌 중장거리 달리기에서는 어느 정도의 스텝수가 적정한 것이며 어떤 의미가 있을지 살펴보자. 우선 표준스텝수의 대상은 5,000m부터 마라톤 풀코스 거리인 42.195㎞로 한다. 5,000m 이하 종목의 기록단축을 위해서는 이 책에서 언급하는 표준스텝수보다 더 빠른 회전수가 도움이 될 수 있다. 다만 유소년의 경우는 좋은 자세 완성을 위해 1,000m부터 표준스텝수를 기준으로 하길 권장한다.

처음 달리기를 시작하면 누구나 스텝수를 신경 쓰지 않고 그저 계속 지속할 수 있는 수준으로 달리다가, 어느 정도 주력이 쌓이고 대회에도 나가면서 기록 단축에 욕심을 가지다 보면 다리를 얼마나 빨리 움직여야 하는지 찾아보기 시작한다. 물론 대부분은 깊이 고민하지 않고 늘 하던 대로 그냥 달리게 되는데, 달리기의 재미와 효율, 스피드 등 모든 부분과 관련되는 너무 중요한 주제이기에 지금부터라도 관심을 가질 필요가 있다.

적정 스텝수를 찾기 위해 세계적인 엘리트 선수들을 참고하는 것은 자연스러운 과정이었고 그들이 거의 유사한 분당스텝수를 가지고 있다는 것이 신기하고 놀랍기도 했다. 나뿐만 아니라 잭 다니엘스 등 세계적인 코치들도 같은 생각과 과정을 겪었다는 사실은 이것이 전혀 근거가 없는 것이 아님을 증명하고, 동질감에 반갑기도 했다. 인간의 신체적 한계에 도전하는 그들이 가장 효율적인 구간을 찾아 일치시키는 것은 어쩌면 당연하기도 하다. 중장거리 달리기와 마라톤을 본격적으로 스피드 시대에 진입시킨 동아프리카의 선수들뿐만 아니라 동서양을 막론하고 세계적인 엘리트 선수들은 거의 모두 평균적으로 180~190spm으로 5,000m부터 마라톤까지 완주한다.

최초로 마라톤 2시간 3분대의 시대를 연 에티오피아의 하일레 게브르셀라시에(Haile Gebreselasie)는 164㎝이고, 중장거리 및 크로스컨트리의 전설 에티오피아의 케네니사 베켈레(Kenenisa Bekele)는 165

㎝이며, 전 세계기록 보유자이자 마라톤의 전무후무한 전설 케냐의 엘리우드 킵초게(Eliud Kipchoge)는 167㎝의 작은 키임에도 자신의 키보다 20㎝이상 큰 걸음으로 평균 190spm 미만으로 마라톤을 완주한다. 2012년과 2016년 올림픽에서 5,000m와 10,000m를 모두 제패한 영국의 모 파라(Mo Farah) 선수는 175㎝의 키에도 불구하고 평균 180spm으로 레이스를 지배한 바 있으며 그는 마라톤 대회에서도 유사한 스텝수를 유지한다.

엘리트 여자 선수도 마찬가지다. 2시간 11분 53초의 여자 마라톤 직선 세계기록 보유자 에티오피아의 티그스트 아세파(Tigst Assefa)는 167㎝이고 올림픽 5,000m, 10,000m, 마라톤 챔피언 네덜란드의 시판 하산(Sifan Hassan)은 170㎝의 키로 두선수 모두 185spm 전후의 스텝수로 중장거리와 마라톤을 달리고 있다. 중장거리 달리기에 있어 다리 길이는 전혀 걸림돌이 될 수 없으며, 중요한 것은 유연성에 기반을 둔 보폭과 적정 스텝수임을 위의 선수들이 증명하고 있다.

예외적으로 일본과 한국의 여자 선수들을 중심으로 190spm을 초과하여 심지어 200spm을 가볍게 넘기는 선수들이 있고 상당한 수준의 주자들도 있다. 그것을 권하는 코치도 있고 마스터스 러너 중에도 따라 하는 러너들이 있지만, 다소 특별한 경우로서 이 책에서 다루고자 하는 효율적인 달리기의 범위 밖에 있다고 생각한다. 역사적으로 보면 동아프리카의 선수들이 마라톤을 스피드의 시대로 진입시키기 직전까지 한국과 일본의 엘리트 마라톤 선수들은 세계적인 수준에 있었고 그 기반은 많은 훈련량으로 빠른 스텝수를 피니쉬까지 유지하는 것이었다. 그러나 달리기에 있어서 스텝수로 속도를 올리는 것은 스스로 한계를 정해놓고 게임을 하는 것과 같다. 평균적으로 190spm을 넘어서면 빠른 발놀림을 위해 우리 신체는 보폭이 확대될 수 있는 여지를 줄일 수밖에 없다. 반면 그들보다 10~20㎝ 더 큰 보폭을 가진 선수들이 등장하면서 스텝수를 지나치게 높이지 않아도 더 빠른 달리기가 가능해졌고 러닝 효율성이 좋은 그들이 스피드 게임을 주도하게 된 것이다.

누구나 자세와 방법을 따라 할 수 있는 일반적인 표준(General Standard)을 정립하고 배우는 것이 예외적인 특별한 선수의 사례를 따라 하는 것보다 의미가 있다고 생각한다. 그럼에도 불구하고, 그들이 그 수준에 도달하기 위해 들인 노력과 성과 및 선택을 존중한다. 이것은 옳고 그름의 문제가 아니라 선수 및 러너 개인의 선택 문제이기 때문이다. 다만, 그 선수와 러너들이 익숙한 자신들만의 세계에서 벗어나 다음 장에서 다룰 달리기에 있어 무릎의 선행과 보폭의 중요성을 이해하고, 이미 충분히 과한 다리를 빨리 움직이려는 노력을 줄이고 보폭을 크게 하는 데 더 집중한다면 훨씬 좋은 기록에 도달할 것이라 믿는다.

발을 빨리 움직이는 것은 달리기 속도를 올리는 데 있어서 단기처방이고 적절한 스텝수에 기초하여 보폭을 늘리는 것은 장기적이고 지속가능한 방법이다. 나 역시도 야구선수나 축구선수 등 순간 스피드를 요하는 선수에게는 기본자세를 익힌 뒤 스텝수를 올리는 훈련에 집중한다. 그러나 중장거리 선수에게 그런 방식은 당장은 눈에 보이는 성과가 있을 수 있으나 도달할 수 있는 최고치를 미리 정해놓고 가는 길이다. 마치 싸이클 경기에서 경쟁자들은 큰 바퀴를 굴리는데 여전히 작은 바퀴를 가지고 빨리 돌리는 데 집중하는 것과 유사하다고 할 수 있으며 스스로 형평이 맞지 않는 게임으로 들어서는 것과 같다. 사실 현대 육상에서는 단거리 선수의 경우도 우선 보폭을 확보하고 다음 단계로 스텝수를 올리는 것이 효율적인 접근이다.

마스터스 주자 중에서도 상위에 있는 선수들을 살펴보면 거의 대부분이 180~190spm 범위 안에 있다는 것을 확인할 수 있다. 나의 경우는 반대로 170spm의 느린 스텝수를 가지고 있었는데 포어미드풋으로 착지 자세를 변경하면서 스텝수 또한 180~185spm 수준으로 상향한 결과 러닝 리듬이 좋아지고 장거리 달리기 시 충격과 피로가 감소하여 그만큼 마라톤 기록을 단축한 경험이 있다. 스텝수가 지나치게 느려도 러닝이코노미가 떨어지는 것이다. 달리기를 가장 많이 하고 가장 좋은 기록을 가진 전 세계의 엘리트 선수들이 평균적으로 180~190spm 사이에서 달린다면 그것이 가장 효율적인 구간일 거라 추정하는 것은 당연한 귀결이다. 180spm미만의 낮은 스텝수를 가진 주자라면 표준스텝수까지 올리고, 190spm을 초과하는 주자라면 다음 장에서 다룰 보폭을 늘리는 데 주력하면 자연스럽게 기록도 좋아지고 가장 효율적인 달리기 메커니즘의 세계로 들어설 수 있다.

　스텝수를 변경하고 익숙하게 만드는 가장 좋은 방법은 메트로놈을 이용하는 것이다. 러닝복 주머니에 넣을 수 있는 작은 메트로놈을 92bpm에 설정하고 왼발이나 오른발 중 익숙한 쪽으로 맞추며 달리면 된다. 92bpm을 기준으로 하면 약간의 추적오차가 발생해도 180~185spm을 유지하는 데 크게 도움이 된다는 것을 러닝클래스에서 확인한 바 있다. 스마트폰을 들거나 팔뚝에 차고 하는 달리기는 불필요하게 근육을 경직시키고 팔치기를 어렵게 하는 등 자세를 망가뜨리기에 추천하지 않는다.

# 달리기 스피드의 이해와 무릎의 선행(Knee Leading)

달리기 속도에 가장 직접적이고 직관적으로 영향을 주는 요소는 '보폭(Stride Length)'과 '스텝수(Steps per minute)'이다. 동일한 조건에서 보폭이 길어지거나, 스텝수가 빨라지면 그만큼 스피드가 증가하는 것은 당연하다.

> **Running Speed = Stride Length + SPM**
>
> 1분간 달린 거리 = 보폭(cm/step) × 분당 스텝수(steps/minute)
> 총 달린 거리 = Stride Length × SPM × Minutes

러너라면 누구나 현재보다 더 빨리 달리고자 하지만 위의 단순하고 결론이 명확한 공식을 풀려 하지 않고 엉뚱한 곳에서 시간과 노력을 낭비하는 것을 많이 보아 왔다.

> 1,000m ≒ 111cm/step × 180steps/minute × 5분
> ↓↓↓
> 1,089m ≒ 121cm/step × 180steps/minute × 5분

한 걸음당 111㎝의 보폭으로 분당 180걸음을 달리게 되면 대략 1,000m를 5분에 달릴 수 있다. 바꾸어 말하면 1㎞를 5분에 달리는 주자는 한 걸음에 111㎝를 전진하는 것이다. 만약 동일한 분당 스텝수가 유지되는 상태에서 보폭이 10㎝ 늘어나게 되면 5분 동안

1,089m를 달리게 되고 10㎞를 달린다면 890m를 더 앞서서 4분 이상의 엄청난 기록을 단축할 수 있다. 10㎝면 신발 크기의 1/3정도 밖에 되지 않는 길이다.

　마찬가지로 보폭이 유지되는 상태에서 스텝수로 동일한 기록 단축 효과를 보려면 무려 1분에 16보를 더 달려야 한다. 이 예시를 통해 달리기 스피드를 올리기 위해서는 보폭과 스텝수중 하나 또는 두 가지를 모두 증가시키거나 스텝수가 지나치게 높다면 보폭을 늘리고 스텝수를 줄이면 된다는 것을 알 수 있다. 결국, 현실의 달리기에서는 "보폭과 스텝수 중 어느 것을 얼마나 조정해야 하는가?"의 문제가 되는 것이고, 현재 나의 달리기가 어떤 형(形)이냐를 먼저 이해해야 판단·적용할 수가 있다. 몸이 유연하고 파워에 의존하는 젊은 러너의 경우는 통상 스텝수가 적고 큰 걸음으로 경중거리며 달리는 '보폭형 주자'인 경우가 많고, 대부분의 여성과 상대적으로 몸이 굳은 러너인 경우는 소위 종종걸음인 '스텝형 주자'가 많다.

　앞에서 언급한 표준스텝수(180~190spm)를 하회하는 '보폭형 주자'인 경우는 스텝수를 늘리는 것이 우선이고 더 쉽다. 190spm을 상회하는 '스텝형 주자'인 경우는 스텝수 늘리기의 상한치를 넘어섰기에 보폭은 늘리고 스텝수를 줄이는 것이 유일한 방법이다. '스텝형 주자'와 스텝수는 표준인데 마음처럼 기록 단축이 잘 안되는 경우는 공통적으로 무릎이 충분히 선행하지 못하면서 보폭도 제한적인 경우가 된다. 모든 러너에게 있어 보폭을 늘리는 것은 달리기 스피드와 효율성에 있어 가장 중요한 요소가 되는데 우리 몸은 늘 하던 대로 달리려고 하는 습성이 있어서 실제 시도해 보면 쉽지 않다. 특히, 오래도록 스텝형으로 달려서 종종걸음 또는 작은 보폭에 익숙한 주자의 보폭 늘리기는 '자세 개선에 대한 확고한 의지'를 가지고 지속적인 노력을 해야 한다.

그러면 어떻게 보폭을 늘려야 할지 세계적으로 중장거리 달리기를 주름잡고 있는 동아프리카 엘리트 선수들에게서 다시 한번 힌트를 얻어 보자. 그들의 놀라운 기록은 유연성에 기반을 둔 큰 보폭에 기초하고 있다. 그들은 유연한 몸과 가늘고 탄력적인 근육을 물려받은 행운과 부단한 노력의 결과로 170㎝ 미만의 작은 키에도 2m에 가까운 보폭을 가지고 있고 달리기에 가장 효과적으로 신체를 활용하고 있다. 기준 스텝수는 정해져 있으니 적정 보폭을 확보하는 데 많은 노력을 기울여야 하는데, 그렇다고 동아프리카 선수들처럼 넓은 보폭을 내려다간 자세도 망가지고 근육이 견디지 못한다. 그러나 그들의 달리기 모습을 이해하고, 따라 하다보면 보폭 확대에 도움을 받을 수 있다.

보폭을 늘리라고 하면 대부분 발이 먼저 나간다. 발이 먼저 나가면 뒤꿈치로 착지하고, 스스로 브레이크를 걸게 되고, 추진력을 내기 위해 지면에서 발을 뒤쪽으로 채며 불필요한 에너지를 쓰게 되는 악순환이 발생한다. 나는 달리기 자세에서 착지 이후 강한 킥으로 이어지는 후행동작보다 앞으로 나아가고 있는 관성에 무릎을 들어 올려 맡기는 선행동작을 더 중요하게 본다. ① 무릎이 선행한 후 그 아래에서 자연스럽고 가볍게 ② 앞꿈치로 착지하여 충격을 흡수하고, 연속동작으로 ③ 뒤꿈치를 지면에 대는 과정의 안정적인 지지하에 앞으로 가는 관성의 도움을 받아 지면을 밀고, 다시 ④ 다리를 들어 무릎을 선행시키는 메커니즘이 되는 것이다. 아래 그림은 무릎이 선행하여 착지에 이르기 직전의 모습으로 오른쪽 다리가 지면을 밀어내는 에너지와 관성을 이용해 왼쪽 무릎이 러너의 추진을 리드하고 있다.

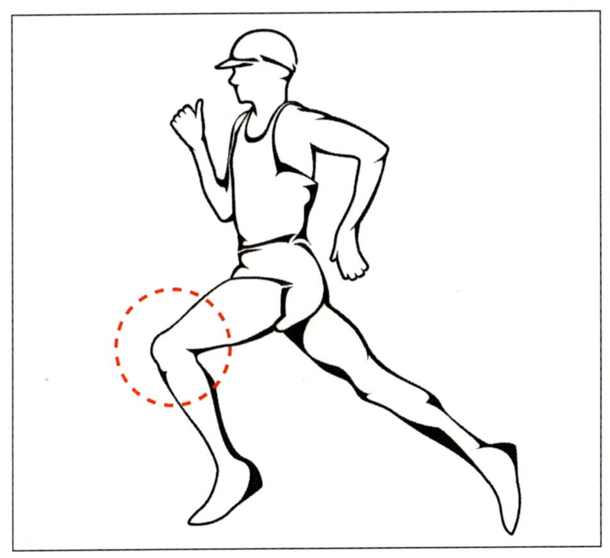

무릎이 선행하는 달리기 자세

보폭을 확보하기 위해서는 무릎이 달리기를 리드해야 하는데 그동안 이것을 의식하지 않고 운동했을 경우 고관절부터 경직되어 무릎이 빠져나올 각도를 만들어내지 못한다. 이 책의 훈련 방법 편에서 '200m 리피티션'을 중요하게 다룬 이유가 여기에 있다. 단거리를 무조건 빠르게 달리려 하기 전에 스텝수를 고정시킨 상태에서 무릎을 선행시켜 보폭을 넓히는 연습을 반복하다 보면 차츰 그 느낌이 오게 된다. 200m를 달리면서 리어풋으로 착지하는 것은 지극히 비효율이기에 자연스럽게 포어풋 착지와 연결되고 위에서 말한 러닝 메커니즘이 완성된다. 400m 이내 단거리 육상선수가 보폭을 확대하고자 하는 노력을 참고할 필요가 있다.

결론적으로 달리기 속도를 올리려면 1차적으로 무릎이 선행하는(Knee Leading) 달리기 메커니즘으로 귀결되며, 그에 기초하여 보폭을 최대한 확대하는 것이 우선이다.

오랜 기간 세계적인 선수들의 자세를 스터디하면서 모범사례를 추려 보았다. 우리는 그들처럼 빠르게 달릴 수는 없지만 그들의 자세와 메커니즘을 모방하는 과정에서 자신만의 가장 효율적인 달리기 자세와 구간에 진입할 수 있을 것이라 믿는다. 이 책의 달리기 이론과 나의 달리기 교육의 기초는 그들의 모범적인 러닝에서 큰 영감을 얻은 것이다.

첫 번째 선수는 2016년 리오 올림픽 400m 결승전에서 32년 만에 세계기록을 갈아치운 남아프리카공화국의 웨이드 반 니커크(Wayde Van Niekerk)이다. 머리부터 발끝까지 인체를 광범위하게 활용하면서도 놀라운 스피드와 근지구력을 유지하는 능력은 가히 달리기 자세와 인간의 신체를 완벽하게 결합시킨 선수라고 생각한다. 그 외에도 영국의 모 파라(Mo Farah), 미국의 그랜트 피셔(Grant Fisher)도 매우 효율적이고 멋진 자세를 가지고 있다. 아시아권에서는 최초로 일본 마라톤을 2시간 5분대에 진입시킨 일본의 스구루 오사코(Suguru Osako) 선수가 있다. 170㎝의 결코 크지 않은 키임에도 불구하고 큰 보폭에 기반한 좋은 자세와 표준스텝수 내에서 최고 수준의 경기력을 보여주었던 오사코 선수의 달리기는 "동양인은 아프리카 선수처럼 달릴 수 없다"는 선입견을 깨기에 충분하다. 이들의 달리기 모습은 동영상 플랫폼에서 쉽게 검색이 가능하니 반복해서 시청하며 머릿속에 이미지화하고 따라 하려 노력하다 보면 크게 도움이 될 것이다. 러너라면 그들의 광범위하고 멋진 달리기를 보는 것만으로도 큰 즐거움을 얻게 될 것이다.

자세 측면에서 위의 선수들이 모범적이라면, 장거리 달리기에서의 러닝 리듬과 밸런스 측면은 케냐의 엘리우드 킵초게(Eliud Kipchoge)를 배울 필요가 있다. 명실공히 역사상 최고 마라토너의 놀라운 퍼포먼스는 좋은 자세와 리듬에서 나온다. 출발부터 피니쉬까지 마치 로봇처럼 흐트러짐 없는 안정적인 달리기를 지속하는 모습을 보면 속이 후련하고 감탄을 금할 수 없다. 러닝이코노미의 정점에 있는 그의 영상도 쉽게 찾아볼 수 있으니 참고하기 바란다.

위 선수들의 경우 자세와 리듬을 배우는 데 많은 도움이 되고 나에게 큰 영감을 주었지만, 그들의 퍼포먼스가 워낙 보통의 러너에겐 비현실적인 영역이라 엘리트 선수에겐 좋은 사례가 되지만 마스터스 러너가 비슷하게 구현하는 데 있어 약간의 아쉬움이 남는다. 그래서 두 선수보다는 따라 하기 부담이 덜한 선수를 마지막으로 소개한다. 나의 달리기 이론과 자세에 있어 마스터스 기준 가장 현실적인 모범적인 사례는 2008년, 2009년, 2011년 3번의 아이언맨 월드챔피언 호주의 크레이그 알렉산더(Craig Alexander)이다. 수영 3.8㎞, 싸이클 180㎞, 마라톤 42.195㎞를 쉬지 않고 순서대로 진행하는 IRONMAN 대회의 마지막 마라톤 구간을 2시간 40분 이내에 달렸던 그의 러닝 자세와 리듬은 Knee Leading, Fore-Mid Foot Landing, Standard Steps, 달리기에 힘을 실어주는 팔치기까지. 내가 주장하는 모든 달리기 이론의 완전체에 부족함이 없다.

이해하기 쉽도록 스피드를 주제로 설명했지만, 더 빠른 기록은 결과적으로 얻어지는 것일 뿐 무릎의 위치와 자세에 신경 쓰며 보폭을 늘리려는 시도는 우리가 인체를 태어난 그대로 활용할 수 있도록 도와준다는 점에서 훨씬 큰 의미가 있다. 어릴 때는 쉽게 성큼성큼 큰 보폭으로 달릴 수 있는 반면, 나이가 들수록 몸이 경직되어 무릎이 앞으로 나아가는 것이 어려워지므로, 기왕 달리기를 할 거라면 노화에 따른 유연성과 근력의 감소를 늦출 수 있는 방향으로 하는 것이 자연스러운 선택이 되어야 한다고 생각한다. 더디더라도 꾸준히 실력이 향상되고 스스로의 달리기가 진보하고 있음을 느끼게 되면 달리기가 너무 재미있기 때문에 지속하지 않을 수가 없고,

그 자체가 달리기를 즐기는 가장 좋은 습관 중 하나라고 믿는다. 지속적인 성장은 최고의 동기부여 수단임을 인정하고 받아들이는 것이 달리기 레벨업에 도전하는 첫 번째 마음가짐이 아닐까 싶다.

# 달리기에 짐이 되지 않는 팔치기

나는 러너들의 자세는 마치 지문처럼 고유의 특색이 있다고 늘 말해 왔다. 조상으로부터 물려받은 특징과 달리기 메커니즘의 결합이 나의 자세인 것이다. 그런데 러너들의 자세를 관찰하다 보면 신체 부위 중 가장 각양각색으로 자유분방한 부분이 팔치기이다. 하체는 추진력을 위해 기본적인 역할이 분명하기에 어느 정도 유사하게 작동할 수밖에 없는 반면, 팔은 어찌해야 할지 모르는 모습이 역력한 러너가 많다. "팔치기는 나의 달리기에 추진력을 올려주는 역할을 해야 한다"는 대원칙을 지키면 되는데 이렇게 이야기하면 너무 막연할 수 있다. 오히려 그 관점에서 하지 말아야 할 행동을 제거하고 자연스러운 스윙이 되도록 하는 것이 더 효과적이다. 자신의 달리는 자세를 거울로 보고 아래에 제시하는 '하지 말아야 하는 동작'이 있다면 더 편하고 추진력을 주는 방향으로 개선하면 된다.

① 거의 움직이지 않고 고정되어 있는 경우

의외로 꽤 많은 러너가 팔과 어깨가 거의 움직이지 않고 하체로만 달린다. 얼핏 보아도 경직된 상체가 부자연스럽고 로봇 팔처럼 보이는데 정작 본인은 잘 모른다. 이 자세의 가장 큰 문제는 달리기를 도와주어야 할 팔이 짐이 된다는 것이다. 마치 양쪽 어깨와 팔에 2리터 물통을 각각 올려놓고 달리는 것과 유사해서 장시간 운동 시 불필요한 통증을 유발시킨다. 우선 어깨와 팔의 힘을 빼고 자연스럽고 편안하게 팔꿈치를 접은 뒤 앞뒤로 움직여 보자.

### ② 좌우운동 또는 상하운동을 하는 경우

과거 TV 방송 중 연예인 강호동이 '소나기'라는 프로그램에서 익살스럽게 팔을 좌우로 흔들며 뛰어다니는 장면이 있었다. 그 모습을 연상시키는 팔치기 모습도 참 많은 러너에게 관찰된다. 앞으로 나가고 있는데 팔이 좌우로 움직이면 추진력에 도움이 될 리가 없고, 보이는 모습도 전혀 전문적이지 않다. 또한 드럼이나 망치질하듯 위아래로 흔들면서 리듬을 타는 경우도 상하운동으로 전진운동을 방해하는 측면에서 달리기에 도움이 되지 않는다. 팔치기는 앞뒤로 하는 것이다.

### ③ 손이 팔꿈치 아래로 지나치게 떨어지는 경우

자연스러운 팔치기의 경우 손이 대부분 구간에서 팔꿈치보다 높게 위치하는 반면 손이 밑으로 떨어져 팔꿈치보다 아래에서 움직이거나 고정되어 있는 경우이다. 이 자세는 어깨에 과다하게 힘이 들어가고 불필요하게 에너지를 소모한다. ①번과 마찬가지로 장시간 운동 시 통증을 유발할 수 있으니 팔꿈치를 자연스럽게 접어서 앞뒤로 움직여주자.

④ 팔이 너무 벌어지는 경우

달릴 때 팔꿈치와 팔은 자연스럽게 몸에 근접시켜야 한다. 멀찌
감치 떨어지면 불필요한 에너지를 소모하고 로봇 팔처럼 경직된다.
최대한 상체와 가깝게 스치듯이 자연스러운 팔치기를 하자.

위와 같은 자세가 개선되고 나면 이제 편안하게 앞뒤로 스윙을
하되 달리는 중간중간 팔을 어깨 위로 올리거나 아래로 완전히 펴
서 경직될 수 있는 어깨와 팔꿈치를 풀어주는 것이 좋다.

# 역량을 극대화하는 정교한 훈련

달리기는 완전한 개인 스포츠여서 각자의 경험과 의지에 따른 선택으로 레이스, 훈련, 효율 등 모든 것이 좌우된다. 바꾸어 말하면 누구에게나 무한의 기회가 있다는 것이다. 지금 다소 부족하더라도 마음먹기에 따라 얼마든지 자신이 속한 레벨의 정점에 도달할 수 있다.

엘리트 선수의 훈련 속으로 들어가 보면, 선수들의 역량에 크건 작건 차이가 있지만 팀 훈련은 통상 동일한 훈련과제를 부여하고 선수 개인이 자신의 역량, 컨디션에 따라 강도를 조절한다. 1,000m 인터벌 훈련을 할 때 질주 구간을 3분에 달리고 회복 조깅을 60초를 할지, 90초를 할지 선수 각각의 선택에 달려있다. 목표 의식과 의지가 강한 선수는 훈련 효과를 높이기 위해 최대한 회복시간을 줄이거나 질주 시간을 빠르게 함으로써 효율이 높은 구간에 들어가겠지만, 그보다 동기부여가 되지 않거나 컨디션이 좋지 않은 선수는 적당히 훈련에 임할 수도 있다. 이런 상황에서 코치는 선수 개인의 역량, 훈련 습관, 부상여부 등 모든 요소를 분석하고 그에 맞는 가장 효율적인 페이스와 회복 시간을 설정해 주고 모니터링하여 필요시 재조정해야 하는데 현실은 그리 간단치 않을 것이다. 한 명의 코치가 담당해야 하는 선수가 많은 경우가 대부분이고 심지어 코치가 없는 팀도 많다. 극소수의 탑 클래스 선수만이 개인 전담코치와 함께 훈련한다. 누구나 최고의 코치, 선수가 될 수 있지만 아무나 그렇게 되지 못하는 것이 세상의 이치이고 현실이다.

마스터스 러닝크루나 클럽의 훈련도 큰 차이가 없다. 각 크루 및 클럽의 훈련부장은 훈련계획을 공지하고 같은 장소에 모여 함께 운동하더라도 각각의 러너가 어떻게 달릴지는 자율에 맡기기 마련이다. 함께 활동하고 친교하는 커뮤니티의 성격이 강하기에 엘리트 선수와 코치 간의 관계보다 훨씬 느슨하다. 개인의 훈련패턴에 개입하는 것은 거의 불가능하여 러너 자신에게 모든 것이 달려있다.

이제 선택권은 이 책을 읽고 있는 당신에게 있다. 코치, 엘리트 선수, 마니아, 조거 어떤 레벨에 있건 간에 자신에게 주어진 범위에서 최대한의 효율을 끌어낼 수 있다. 단순히 더 빠른 기록을 말하는 것이 아니라 나의 삶, 레이스, 훈련에서 가장 효율이 좋은 달리기를 말하는 것이다. 훈련에서 어떻게 효율 높은 달리기를 해야 하는 것인지 3장 '달리기 훈련법' 각론에서 기준을 제시하고자 한다.

# 효율적인 레이스를 위한 페이스 배분(Negative Split)

좋은 자세와 충분한 훈련으로 모든 준비는 끝났다. 이제 레이스로 증명하면 된다. 어떤 전략이 가장 효율적일까?

① 다른 선수들을 뒤따르다가 승부처에서 치고 나가는 싯 앤킥(Sit and Kick)

올림픽이나 전국체전처럼 기록보다 메달이 우선시 되는 경기는 싯앤킥 전략을 많이 사용한다. 다만, 이 경우는 전반 페이스를 여유 있게 따라갈 수 있을 정도의 기량과 충분한 훈련이 되어 있어야 하고, 최종 바퀴에서 경쟁자들을 압도할 수 있을 정도의 스피드가 뒷받침되어야 한다. 올림픽 5,000m와 10,000m에서는 마지막 400m 랩타임이 50초대 초반까지 나오는 극단적인 스피드 경쟁을 한다. 웨이드 반 니커크의 400m 세계기록인 43초와 비교하여 10초 내외의 수준까지 속도를 올린다는 이야기다. 이 전략은 메달을 위해서는 효과적일 수 있으나 기록을 위해서는 효율적인 운영방식이 아니다. 전략의 특성상 비록 후반 페이스가 전반보다 빠르다 하더라도, 전반 페이스가 지나치게 떨어지는 경우가 대부분이기에 아래 ③번의 네거티브 스플릿과는 완전히 다른 운영이다. 또한, 실력이 부족한 경우에는 전반에 다른 선수들을 쫓아가다가 후반에 완전히 자신의 페이스를 잃어버릴 수도 있다.

② 처음부터 끝까지 일정하게 이븐페이스(Even Pace)

경험적으로 마스터스 러너에게 가장 효과적이고 효율적인 전략
은 이븐페이스이다. 일부 시상대를 노리는 러너도 있지만 대부분은
자신과 하는 레이스이니 가장 효율적인 선택을 해야 한다. 나의 사
례에서도 이야기했다시피 마스터스 러너는 몸이 가벼운 전반에 페
이스를 올리지 않고 자제하는 것부터 쉽지 않지만, 평소 훈련 시 습
관화하면 얼마든지 실천할 수 있다. 전반에 페이스를 올리면 더 빠
르게 젖산이 쌓이고 그 효과는 후반에 더 빠르게 페이스를 잃게 만
드는 것이 명백한데 기록 경기를 하면서 그런 선택을 할 이유가 전
혀 없다. 전반에 km당 5~10초를 오버하면 후반에 km당 30초~1분을
까먹는 것이 마라톤으로, 30km까지 더 빨리 달리고 싶은 욕구를 자
제하는 인내심과, 30km 이후 나머지 12km에서 페이스를 지키기 위
한 진짜 레이스가 합쳐진 종목이다.

③ 전반보다 후반이 더 빠르게 네거티브 스플릿(Negative
   Split)

최고 기록을 목표로 한다면, 다시 말해 모든 조건이 동일할 때
가장 효율적인 페이스 조절 방식은 네거티브 스플릿을 선택하는 것
이 좋을 것이라 본다. 전반 상대적인 여유를 가지고 혈중 젖산 농도
를 최소화한 상태에서 레이스 중반 이후 단계적으로 속도를 올리는
방식은 정교하게 실행되었을 때 선수의 잠재력을 극대화할 수 있는

좋은 리듬을 주기 때문이다. 예를 들어보면, 역대 최고의 중장거리 달리기 선수로서 5,000m와 10,000m 직전 세계기록을 보유했던 에티오피아의 케네니사 베켈레(Kenensa Bekele)와 현 세계기록 보유자인 우간다의 조슈아 쳅트게이(Joshua Cheptegei)는 기록 경신을 위해 네거티브 스플릿 전략을 사용했다. 전반 페이스메이커를 따르다가 후반 서서히 페이스를 올려 네거티브 스플릿으로 세계기록을 경신한 것이다. 엘리트 선수건 마스터스 러너건 기록 경신이 목표라면 이븐페이스나 네거티브 스플릿 전략으로 가야 한다.

이븐페이스와 네거티브 스플릿은 평소의 훈련과정을 정교하게 모니터링하여 최적의 목표와 페이스를 설정하는 것이 매우 중요하다. 목표 설정이 잘못된 상태에서 의지나 정신력만으로 후반 페이스를 유지하는 것은 불가능하다.

# 효과적인 달리기 훈련법

Knee Leading
Fore-Mid Foot Landing
Standard Steps

# 천천히 달리기(Fun Running)

걷고 뛰는 건 우리가 태어나면서 천부적으로 주어진 것이기에 달리기를 본격적으로 시작하더라도 처음에는 그냥 운동화 신고 나가서 하고 싶은 대로 뛰면 된다. 한동안 그렇게 각자의 달리기를 하다 보면 자세, 훈련 방법, 대회 등 다양한 의문이 생기고 이곳저곳 정보를 찾게 마련이다.

나도 처음엔 혼자 뛰었고 주말에는 지역 철인 3종 클럽에 가입하여 마스터스 동료들로부터 배우며 함께 달리던 중 지도자의 필요성을 느껴 2008년 겨울에 엘리트 선수 출신이 운영하는 러닝아카데미를 찾았다. 자세부터 훈련법까지 달리기 전반을 체계적으로 배울 수 있을 거라는 예상과 달리 기록 단축을 위한 스피드 훈련에 포커스가 이루어졌고, 결국 부상으로 겨우내 준비했던 2009년 서울국제마라톤대회 출전을 포기해야 했다. 당시 나에게 필요했던 것은 스피드보다는 다음 단계로 나아가기 위한 기초훈련과 달리기 전반에 대한 궁금증을 해소해 줄 전문가였는데 러닝아카데미를 통해 그 두 가지 모두 해결하지 못하고 오히려 부상만 얻은 것이다. 당시의 나는 코치들이 전혀 예상하지 못하는 질문을 많이 하곤 했고 그들이 하는 여러 이야기 중 한 꼭지라도 도움이 되는 사항을 찾으려고 애썼다. 마스터스 러너의 관점에서 보면 엘리트 선수들은 '조금 다른 세계에서 운동하는 종족'처럼 서로 수긍하기 어려운 이야기를 하는 경우도 있고, 엘리트 선수들은 또 그들 나름대로 마스터스 러너들이 자신들의 코칭을 이해하지 못하고 제대로 하지 않는다고 생각할 수도 있다. 나는 그 간극을 책과 다양한 자료로 채우려고 했고 나의 몸에 적용해가며 점검하고 확인했다.

나의 달리기 학습에 가장 크게 영향을 미친 두 명의 위대한 코치 잭 다니엘스(Jack Daniels)와 제프 겔러웨이(Jeff Galloway)는 그들의 저서 『잭 다니엘스의 러닝 포뮬러』, 『제프 겔러웨이의 마라톤』에서 공통적으로 전체 달리기의 50% 이상을 천천히 달리기로 채우라고 말한다. 운동량이 많은 엘리트 선수는 그 비율을 70~80%까지 높여야 한다.

달리기를 시작한 이래 나는 필드에서 누구로부터도 천천히 달리기에 대해 배울 기회가 없었다. 스스로 체험하고 필요성을 느껴 찾아보고 나서야 알게 된 것이다. 마찬가지로, 2012년에 러닝스쿨을 개설하고 강습할 때도 천천히 달리기에 대해 설명하려면 왜 해야 하며, 어떻게 하는 것인지에 대해 구구절절 많은 이야기를 해야 했다. 러너들이 천천히 달리기에 대해 잘 알지 못하고 관심도 두지 않았기 때문이다. 지금은 러닝 열풍과 함께 슬로조깅이나 Zone 2 달리기가 유행이라 한결 설명이 쉬워졌다. 구체적인 내용은 서로 다르더라도 천천히 달리기가 도움이 된다는 사실은 많이 인지하고 있기 때문이다. 그러나 본격적으로 달리기를 즐기는 러너 대부분은 여전히 천천히 달리기를 잘 하지 않는다는 것을 러닝클래스에서 확인하고 있다. 알고만 있는 것과 충분히 이해하고 받아들여서 실천하는 것은 전혀 다른 결과로 이어진다.

본론에 들어가기에 앞서서 체계적인 운동을 위해서는 내가 하는 활동이 어느 정도 단계에 있는지, 어떤 강도에서 어떻게 트레이닝하면 지구력을 키우고, 속도를 향상시키고, 회복에 도움이 되는지 등을 구분하여 이해할 필요가 있다. 그 목적을 위해 많이 활용되는 방법이 트레이닝 존(Training Zone)으로, 심박수 또는 인지된 다양한 정보로 측정되는 신체활동의 강약 범위로서 통상 최대심박수(MHR: Maximum Heart Rate)의 백분율에 따라 아래와 같이 5단계로 정의된다.

트레이닝 존(Training Zone)

| 구분 | | Training Zone | MHR(%) | 대화여부 | 효과 |
|---|---|---|---|---|---|
| 체력 향상 | 기량 극대화 | ⑤최대 힘듦 | 90~100% | 불가능 | VO2Max 극대화, 속도와 출력 향상 |
| | | ④힘듦 | 80~90% | 한두 마디 | 탄수화물의 에너지 전환 능력 향상 |
| | | ③중간 강도 | 70~80% | 짧은 대화 | 심장과 근육의 유산소 능력 향상, 혈액순환 개선 |
| | 체중 감량 | ②쉬움 | 60~70% | 편함 | 지방 연소, 유산소 기반과 지구력 향상 |
| | | ①매우 쉬움 | 50~60% | 매우 편함 | 지방 연소, 회복에 도움 |

위 표를 보면 쉬운 단계인 Zone 2 영역에서의 운동만으로도 체중감량과 체력향상이라는 목표를 어느 정도 달성할 수 있음을 알 수 있다. 최근 Zone 2 달리기가 유행하는 배경이 될 것이다. 체력향상을 넘어 한계를 높이는 기량 극대화를 위해서는 매우 힘든 트레이닝 존에서의 운동이 필수적이라는 점도 확인할 수 있으며 이것은 다음에서 다룰 역치 달리기나 인터벌, 리피티션 등과 연결되는 것이다.

천천히 달리기는 명칭 그대로 어렵지 않게 이해할 수 있지만 조금 더 전문적으로 정의하고 실천할 필요가 있다. 달리기의 페이스나 단계 구분 시 통상 VO2Max(최대산소섭취량)와 최대심박수를 기준으로 하지만, 대부분의 러너에게 VO2Max의 정확한 측정은 매우 번거로운 과정으로 현실적으로 확인하기 어려우니 최대심박수를 기준으로 이해하면, 천천히 달리기는 자신의 최대심박수를 기초로 60~80% 수준의 강도로 달리는 것이다. 위 표 트레이닝 존에서는 Zone 2와 Zone 3를 말한다. 잭 다니엘스의 구분법을 기초로 일부 수정한 아래 달리기 페이스 분류표를 참고하도록 하자. 사실 VO2Max가 워낙 빈번하게 사용되고 달리기를 이해하는 데 있어 중요한 용어여서 러너라면 그 의미를 정확히 이해할 필요는 있지만, 최상위 엘리트 선수를 제외한 대부분의 러너에게 있어 자신의 정확한 VO2Max를 모른다고 해서 달리기를 훈련하고 즐기는 데 있어 아무런 불편함이 없다.

**황반장의 달리기 페이스 분류표**

| 구분 | 운동 시간 | MHR(%) | VO2Max | 목적 | 비고 |
|---|---|---|---|---|---|
| 천천히 달리기 (Fun) | 30~ 180분 | 60~ 80% | 60~ 75% | 유산소 기초 배양 및 부상예방 | 심근 및 근지구력 강화 산소운반력 향상 |
| 마라톤페이스 (Marathon Pace) | 30~ 150분 | 80~ 90% | 75~ 85% | 마라톤 페이스 적응 및 지구력 향상 | 30km 이내 |
| 역치 (Threshold) | 20~ 60분 | 90~ 95% | 85~ 88% | 젖산 제거 및 억제 능력 향상 | 5~20km 레이스 |
| 인터벌 (Interval) | 회당 3~5분 | 95~ 100% | ~100% | 유산소 능력 극대화 (VO2Max & 스피드) | 800m, 1,000m, 1,600m |
| 리피티션 (Repetition) | 회당 2분미만 | - | 무산소 | 무산소 능력, 스피드 및 러닝이코노미 향상 | 200m, 300m, 400m |

최대심박수 계산을 번거로운 장비로 하지 않더라도 보통 '최대심박수 = 220 - 현재 나이'를 많이 활용하며 선천적으로 또는 질병으로 빈맥(頻脈)이나 서맥(徐脈)이 아닌 한 비교적 오차가 크지 않다. 다만 수영, 싸이클 등 유산소 운동을 많이 한 러너의 경우 최대심박수가 위 산식보다 조금 더 높게 나오는 경향이 있다. 인터벌 훈련처럼 힘든 트레이닝을 해 보면 스스로 체감할 수도 있는데, 힘든 수준을 넘어서 토하는 단계에 이르는 정도라고 이해하면 될 듯하다. 확인하고 싶어도 그 전에 견디지 못하고 멈추게 될 가능성이 높지만, 자칫 위험할 수도 있으니 굳이 그 단계를 체험하려 자신을 밀어붙일 필요는 없다. 나의 경우도 위 산식으로는 165bpm이 최대심박수이나 힘들게 훈련하면 170bpm에 근접한다. 최대심박수는 175bpm으로 추정하며, 그러면 천천히 달리기의 심박수는 105~140bpm 구간으로 러닝 페이스로는 5분/㎞ 전후가 된다.

사실 러너에게는 심박수보다 달리기 페이스가 훨씬 직관적이다. 10㎞ 40분 주자라면 5분/㎞ 전후의 페이스가 천천히 달리기에 속하고, 50분 주자라면 6분/㎞ 전후의 페이스가 적절하다. 계산식은 참고치로 두고, 자신의 10㎞ 레이스 페이스를 기준으로 ㎞당 1분/㎞ 이상 느린 페이스로 천천히 달리기를 하자. 이처럼 단순화하면 주먹구구식으로 이야기하는 것처럼 보일 수 있는데, 잭 다니엘스의 VDOT 일람표상 이지러닝(Easy Running) 페이스와 비교해 보면 보다 신뢰가 갈 것이라 생각한다. 이 책에서 천천히 달리기(Fun Running)는 잭 다니엘스의 이지러닝과 같은 개념으로 보아도 좋다.

경험 많은 러너는 여기서 한 가지 의문이 생길 수 있다. 마라톤 페이스 달리기는 쉬운 수준이 아니어서 우리들 대부분은 조깅으로 시작해 마라톤 페이스 이전까지 가는 달리기를 가장 많이 하게 된다. 어떤 날은 아주 천천히 달리고, 어떤 날은 마라톤 페이스보다 느리지만 적당히 속도를 높이기도 한다. 또 어떤 날은 조깅으로 시작해 마라톤 페이스 수준 또는 그 이상으로 마치는 날도 있다. 이 모든 것을 천천히 달리기로 뭉뚱그려 분류하라는 것인가?

그렇다. 여기서 중요한 것은 자신의 달리기 패턴을 어떻게 분류하느냐가 아니고 분류표처럼 '구분해서 훈련할 것'을 제안하는 것이다. 달리기 자체가 즐거운 활동이니 마구잡이로 기분 내키는 대로 달려도 되지만 그래서는 원하는 성과를 낼 수는 없다. 훈련으로 하는 달리기는 목적이 분명해야 한다. 가급적 천천히 달리기와 마라톤 페이스 달리기의 중간 구간에서 어정쩡하게 달리는 경우를 줄이고 목적에 맞게 구분해서 훈련하는 것이 훨씬 효율적이다.

천천히 달리기를 최대심박수의 70%로 마치거나 80% 또는 90%로 마칠 수도 있으나 마라톤 페이스 달리기가 되려면 그 페이스로 30분 이상 달려야 한다. 만약 조깅으로 출발해 55분을 최대심박수 80% 미만으로 달리고 마지막 5분을 85%로 달렸다면 마라톤 페이스 달리기가 아니라 천천히 달리기를 한 것이다. 나는 마지막의 부담 없는 자연스러운 가속은 그날의 천천히 달리기가 성공적으로 이루어졌다는 증거이고 좋은 리듬을 남기기에 오히려 권장한다. 다만,

가속 달리기(Progression Running)의 경우 마라톤 페이스 달리기 또는
역치 달리기로 보아야 하는 것도 있는데 그에 대해서는 가속주 편
에서 자세히 다룬다.

　달리기 훈련법의 첫 번째 테마로 천천히 달리기를 택한 것은 단
순히 속도가 제일 느린 순서여서만은 아니다. 그 이점과 중요성이
아무리 강조해도 지나치지 않기 때문이다. 우선 천천히 달리기는
달리기에 대한 육체적, 심리적 부담을 최소화하면서도 달리기가 우
리 신체에 주는 긍정적인 효과들, 예컨대 심폐 및 근육 강화를 통
한 체력 및 신체 활력의 증진, 혈관 생성의 족진 및 혈액순환 개선,
체중조절 등을 완전하게 누릴 수 있다. 더불어 이후에 다루게 될 어
떤 달리기보다 부상의 발생 가능성이 낮고, 심지어 부상을 예방하
는 방법이기도 하다. 천천히 달리면 우리 몸이 부상에 대한 내성을
쌓아 나가도록 도와주고, 부상의 징후를 어렵지 않게 감지하여 예
방 조치할 수 있으며, 부상회복도 더 빠르게 할 수 있다.

　우리가 달리기를 하면서 원하는 것은 다양하다. 더 좋은 기록
과 더 빠른 달리기를 추구하는 경우도 있고, 기록과 관계없이 완주
를 목표할 수도 있고, 부상 없이 달릴 수 있기를 바라기도 하고, 달
리는 게 힘들지 않았으면 좋겠다 싶을 수도 있다. 각자 원하는 바는
다르겠지만 모든 경우에서 최선의 해결책이자 첫걸음이고 가장 쉽
게 실천할 수 있는 것이 꾸준한 천천히 달리기이다.

달리기 수준이 향상되는 과정을 짚어 보면, 우선 달리는 거리가 늘어야 하는데 거리를 늘리는 가장 쉬운 방법은 천천히 달리기이다. 초보자가 처음부터 10㎞를 빠른 페이스로 달리면 도중에 포기하게 되지만, 천천히 달리면 누구나 소화할 수 있고, 차츰 그 거리의 속도가 빨라지고 다시 그 속도로 거리가 늘고, 결국 마라톤을 완주할 수 있게 된다. 더 빠른 달리기를 하려면 VO2Max를 극대화할 수 있는 적절한 스피드 훈련을 몸이 받아들일 수 있도록 기초를 쌓는 과정이 필요한데 천천히 달리기와 좋은 자세가 전제조건이라는 걸 잊으면 안 된다. 마일리지가 부족한 상태에서의 강한 달리기는 부상 위험을 크게 증가시키고 VO2Max 및 스피드 근력 증강을 위한 프로그램이 몸에 흡수되는 걸 방해한다.

한편, 많은 러너들이 기록보다 완주가 목표라고 말하면서 막상 달리는 걸 보면, 초반에 속도를 올리고, 그 다음엔 힘들어서 지속하지 못하는 달리기를 반복한다. 그렇게 되면 달리기는 늘 힘들고, 목표를 위해 인내해야 하는, 재미없는 스포츠로 머지않아 그만두게 될 것이다. 우선 속도에 대한 욕심을 내려놓고 1시간 이상을 어렵지 않게 지속할 수 있도록 천천히 달리자. 그것이 누적되면 더 이상 완주는 목표가 아닌 일상이 된다. 달리기는 힘든 운동이라고 생각하는 러너도 있는데 정확하게는 스스로 힘들게 달리고 있다는 것을 자각해야 한다. 현재를 기준으로 힘들지 않은 수준으로 천천히 달리다 보면 나중에는 과거 힘들었던 속도가 재미난 속도(Fun Running)가 된다.

천천히 달리기는 그 자체로 달리기 부상을 최소화해 줄 뿐만 아니라 부상의 징후를 스스로 느낄 수 있게 해준다. 천천히 달리기가 습관화되면 달리기에 있어 속도나 거리, 시간에 대한 스트레스가 사라지기에 육체적, 심리적으로 여유를 가질 수 있으며 몸의 변화에 대해 훨씬 세심하게 느끼고 대응할 수 있다.

## 천천히 달리기의 요령

① 1시간 이상을 달려도 쿠션과 탄력이 살아있는 좋은 러닝화
를 신는다. 전체 달리기의 50% 이상을 소화하는 중요한 과
정인데 낡고 쿠션이 없는 신발을 신는 것은 이치에 맞지 않
는다.

② 익숙하고 편안하지만 지루하지 않은 코스를 선택한다.

③ 10㎞ 레이스 기록 대비 1분/㎞ 내외 느린 기준으로 목표 페
이스를 설정하고 오늘은 무조건 천천히 달리겠다는 마음가
짐으로 달리기를 시작한다. 페이스 설정 없이 가벼운 마음으
로 천천히 시작해도 좋다.

④ 중간에 더 빨리 달리고 싶은 마음이 들더라도 목표 페이스
수준에서 자제하고 그 상태와 리듬을 유지하며 체력적인 여
유를 즐긴다. 한편 자세 교정에 대한 목표가 있다면 천천히
달리기 과정에서 신경 써서 고쳐야 한다. 빠른 달리기에서
는 속도를 쫓아가느라 원래의 폼으로 돌아가기 때문에 자세
에 신경 쓸 여력이 없다. 무릎 더 올리기, 포어풋 착지 후에
뒤꿈치 터치하고 다음 동작으로 나아가기, 표준스텝수 맞추
기, 달리기에 짐이 되지 않는 팔치기 등 자세 교정의 포인트
는 조깅하면서 그 느낌을 잡아야 자신만의 자세로 만들 수
있다.

⑤ 종반부에 살짝 가속함으로써 기분 좋게 마치는 것은 좋지
만, 지나치게 길게 속도를 높여 달리거나 역치 페이스까지

속도를 올리는 것은 기껏 몸에 좋은 달리기를 해놓고는 불필요한 신체 부담을 주게 되니 절대 자제한다.

⑥ 처음에는 30분부터 시작해서 단계적으로 시간을 늘려주되 더 달리고 싶어도 최대 90분을 넘기지 않는다. 다만, 마라톤 대회 완주를 위해 준비하는 과정의 LSD(Long Slow Distance) 훈련이라면 180분(엘리트 선수는 150분)까지 가능하다. 그 이상은 긍정적인 효과보다 피로누적, 부상위험 증가 등 부작용이 더 커진다.

나는 천천히 달리기를 보약에 비유하곤 한다. 잘 이루어진 천천히 달리기는 운동 중 다소 지루함을 느낄 수는 있어도 그다지 힘들지 않으며, 운동을 마친 후에 적당한 피로감과 함께 상쾌한 기분이 들고, 훈련 스트레스가 높지 않아서 다음날의 달리기에 거의 영향을 미치지 않는다. 이래서 운동이 되려나 싶을 수 있지만 심장, 폐, 근육, 산소운반능력까지 신체 지구력 전반을 자극하고 향상시켜 준다. 신체적으로나 정신적으로 보약 이상의 긍정적인 효과가 있다.

엘리트 선수의 경우 상상을 초월하는 훈련량을 소화해야 하니 천천히 달리기를 훨씬 많이 정교하게 해야 할 텐데 아마도 다음 장에서 다룰 마라톤페이스에 더 가까운 비교적 빠른 달리기를 많이 할 것이다. 나는 그것이 실질적인 효과보다는 심리적인 영향일 것으로 생각하며, 그중 대부분을 보다 더 천천히 달리라고 말하고 싶다. 앞서 마스터스 러너의 경우 10㎞ 레이스 페이스보다 1㎞당 1분 이상 늦춘 페이스가 적당하다고 했는데 엘리트 선수는 운동량이 월등히 많고 기본 스피드가 빠르기 때문에 10㎞ 레이스 페이스보다 1'30"/㎞ 정도 느린 속도로 천천히 달리기를 권장한다. 운동량이 많을수록 부상위험이 증가하기 때문에 마일리지의 대부분을 편안한 달리기로 기초를 쌓아 둔 위에 마라톤 페이스 달리기, 역치 달리기, 인터벌 훈련을 한다면 부상 위험을 낮추면서도 훨씬 효과가 좋을 것이라 생각한다. 엘리트 선수의 최대의 적은 부상이고 가장 중요한 것은 컨디션 관리임에 틀림없다.

마라톤의 전무후무한 전설 엘리우드 킵초게(Eliud Kipchoge)는 주당 200㎞ 이상을 훈련하고 그중 80%를 저강도에 할애한 것으로 알려져 있다. 그렇기에 30대 후반의 나이에도 최고 수준을 유지할 수 있었을 것이라 생각한다.

# 마라톤 페이스 달리기

마라톤 페이스 달리기는 자신의 마라톤 목표 페이스인 최대심박수의 80~90% 수준으로 달리면 되니 비교적 이해 및 실행이 수월하다. 평소 훈련 시에는 시간으로 150분(엘리트 선수는 120분) 이내, 거리로는 30㎞를 넘지 않는 것이 좋다.

마라톤 페이스 달리기는 명칭 그대로 마라톤 페이스를 몸이 기억하고 완주할 수 있도록 지구력을 향상시키는 것을 목적으로 한다. 경험적으로 천천히 달리기처럼 지루하지 않으면서 역치 달리기만큼 힘들지는 않기 때문에 소위 '러너스하이(Runner's High)'를 경험할 수 있는 가장 적절한 페이스라고 생각한다. 물론 1시간을 넘어서면 젖산 누적에 따라 꽤 힘든 페이스가 된다.

자신에게 적합한 마라톤 페이스를 계획할 때, 마라톤을 달려본 적이 없다면 잭 다니엘스의 VDOT 일람표를 활용해서 10㎞나 하프 기록으로부터 최적화된 목표치를 설정할 수 있다. 예를 들어 최근 10㎞를 최선을 다해 달린 기록이 45분이라면, 하프 마라톤은 1시간 40분, 풀코스는 3시간 30분을 목표로 설정하고 마라톤페이스 달리기는 5분/㎞ 전후가 된다.

### 황반장의 달리기 페이스 분류표

| 구분 | 운동시간 | MHR(%) | VO2Max | 목적 | 비고 |
| --- | --- | --- | --- | --- | --- |
| 천천히 달리기 (Fun) | 30~180분 | 60~80% | 60~75% | 유산소 기초 배양 및 부상예방 | 심근 및 근지구력 강화 산소운반력 향상 |
| 마라톤페이스 (Marathon Pace) | 30~150분 | 80~90% | 75~85% | 마라톤 페이스 적응 및 지구력 향상 | 30㎞ 이내 |
| 역치 (Threshold) | 20~60분 | 90~95% | 85~88% | 젖산 제거 및 억제 능력 향상 | 5~20㎞ 레이스 |
| 인터벌 (Interval) | 회당 3~5분 | 95~100% | ~100% | 유산소능력 극대화 (VO2Max & 스피드) | 800m, 1,000m, 1,600m |
| 리피티션 (Repetition) | 회당 2분미만 | - | 무산소 | 무산소능력, 스피드 및 러닝이코노미 향상 | 200m, 300m, 400m |

마라톤을 완주하려면 대회전에 마라톤 페이스 달리기를 40㎞ 이상 해 주어야 하는 것으로 생각할 수 있는데, 실효성은 낮고 오히려 피로 누적과 부상의 위험성만 증가되니 그럴 필요가 없다. 평소에 20~30㎞, 시간으로 150분까지의 마라톤 페이스 러닝을 꾸준히 해 주게 되면, 우리 몸은 그 페이스를 기억했다가 컨디션을 최고조로 올린 대회 당일에 목표 페이스를 42㎞까지 유지할 수 있도록 만들어준다. 대회 3주 전부터 운동량을 단계적으로 감소시키면서 체중이 증가하지 않도록 조절하는 테이퍼링이 정상적으로 이루어지면 대회 당일 초반에는 속도를 자제해야 할 정도로 가벼운 몸 상태가 되니 자신을 믿어도 된다.

나는 마라톤대회를 대비하는 마스터스 러너의 경우 직전 3개월
간 월 2회의 25~30㎞의 마라톤 페이스 달리기를 하고, 대회 3주 전
32㎞를 목표 페이스에 맞추어 달리는 것을 최종 점검으로 실시할
것을 추천한다. 훈련피로가 남아있는 상태에서 32㎞를 목표 페이스
로 달릴 수 있다면 자신감을 가질 수 있고, 테이퍼링을 성공적으로
하여 컨디션을 관리하고 대회 당일 페이스 조절만 이루어진다면 32
㎞ 최종 점검이 사실상 목표 달성을 예약해 주는 효과가 있다.

엘리트 선수의 경우는 훨씬 더 긴 준비기간이 필요하고 기초를
쌓는 과정부터 고시대 훈련, 산악 훈련 등 다양한 프로그램을 활
용할 수 있기에 획일적인 계획보다는 개별 선수의 특성에 맞는 마
라톤 페이스 달리기가 이루어져야 할 것이다. 다만 앞서도 지적했
다시피 마라톤 페이스 달리기를 무조건 많이 한다고 해서 반드시
좋은 기록이 나오는 것이 아니라는 점을 빨리 깨닫고 부상 예방을
위해 총거리는 천천히 달리기로 늘리고 마라톤 페이스, 역치, 인터
벌, 리피티션 등은 질적으로 높은 수준이 되도록 설정·실행할 필요
가 있다.

# 역치 달리기(Threshold Running): 템포런(Tempo Running)

마라톤 페이스 달리기까지는 거리를 늘리고 페이스를 잘 조절해야 하는 문제만 있었다면, 역치 달리기부터는 스스로의 한계에 직면하고 극복하는 과정이기에 힘들 수 있고 그래야만 진보할 수 있다. 우리 신체는 운동이 지속되면 혈중 젖산농도가 올라가 근육피로를 유발하게 되며 젖산 역치를 넘기면 급격한 젖산의 축적으로 빠르게 피로가 증가하고 페이스 유지가 어려워진다. 젖산 역치(Lactate Threshold)란 체내에 젖산이 기하급수적으로 축적되기 전에 신체가 발휘할 수 있는 최대의 운동 강도를 의미한다. 엘리트 러너라면 최대심박수의 90% 수준에서 역치에 이르게 되고 초보자라면 그보다 낮은 단계에서 도달하게 된다. 역치 달리기는 그 경계선에서의 달리기를 통해 젖산을 빠르게 제거하고 축적을 억제하는 능력 향상을 목적으로 한다.

역치라는 단어 자체가 쉽게 와 닿지 않는 어려운 용어이니 체감적으로 쉽게 이해할 수 있는 방법은 잘 훈련된 러너, 즉 엘리트 선수의 경우 최선을 다한 1시간 레이스라고 보면 될 것이다. 대부분의 구간을 최대심박수의 90~95% 수준으로 달리는 것으로, 평소 훈련에서는 20~30분을 넘어서면 그만하고 싶다는 생각이 들지만 엘리트 러너의 경우 대회처럼 최적 컨디션 하에서 1시간까지는 참고 유지할 수 있는 정도이다. 그 말은 충분히 훈련되지 않은 마스터스 러너의 경우 아무리 애를 써도 30~40분 정도 유지할 수 있는 수준이 된다. 역치 달리기의 훈련 효과는 바로 그 순간, 그만하고 싶다는 생각이 드는 지점부터 가장 크다. 그러니 그 순간을 조금이라도 더 늘리면서 즐기려는 마음가짐이 필요하다. 다만, 모든 달리기에서 너무 힘들어 목표한 대로 페이스와 자세를 유지할 수 없다면 그때부터의 달리기는 고통스럽기만 할 뿐 아무런 의미나 훈련 효과가 없고 부상 가능성만 높인다. 어떤 식으로든 힘들면 훈련이 될 것이라는 잘못된 지식을 버리고 이미 흐트러진 상태에서 억지로 시간을 채우려 하지는 말자. 목표한 자세와 페이스를 유지할 수 없다면 그날 훈련은 거기까지다. 더 하고 싶다면 차라리 천천히 달리기를 하라.

**황반장의 달리기 페이스 분류표**

| 구분 | 운동시간 | MHR(%) | VO2Max | 목적 | 비고 |
|---|---|---|---|---|---|
| 천천히 달리기 (Fun) | 30~ 180분 | 60~ 80% | 60~ 75% | 유산소 기초 배양 및 부상 예방 | 심근 및 근지구력 강화 산소운반력 향상 |
| 마라톤페이스 (Marathon Pace) | 30~ 150분 | 80~ 90% | 75~ 85% | 마라톤 페이스 적응 및 지구력 향상 | 30km 이내 |
| 역치 (Threshold) | 20~ 60분 | 90~ 95% | 85~ 88% | 젖산 제거 및 억제 능력 향상 | 5~20km 레이스 |
| 인터벌 (Interval) | 회당 3~5분 | 95~ 100% | ~100% | 유산소 능력 극대화 (VO2Max & 스피드) | 800m, 1,000m, 1,600m |
| 리피티션 (Repetition) | 회당 2분미만 | - | 무산소 | 무산소 능력, 스피드 및 러닝이코노미 향상 | 200m, 300m, 400m |

이해를 위해 예를 들어 설명해보겠다. 10㎞ 대회에 참가하여 페이스 조절이 잘 된, 최선을 다한 달리기를 하다 보면 6㎞ 전후에서 첫 번째 고비를 만난다. 그 순간을 잘 넘기고 다시 살짝 여유가 생기는 듯하다가 8㎞를 넘어서면 또다시 그만 달리고 싶은 단계에 이르지만 피니쉬가 멀지 않기에 마지막까지 인내심을 발휘하게 된다. 위의 레이스 과정이 역치 달리기의 좋은 사례이다. 이런 방식으로 레이스처럼 목표 의식을 가지고 정기적으로 반복하는 것으로도 상당한 기록 단축이 가능하다. 5~10㎞ 레이스는 마스터스 러너가 역치 달리기를 체험하고 훈련하기에 좋은 거리이며 엘리트 선수라면 그 거리가 하프마라톤까지 확장된다. 다만, 너무 자주 하는 것은 효율을 떨어뜨리고 부상 위험을 증가시키니 좋은 컨디션 하에서 대회를 치른다는 마음가짐으로 다음 장에서 다룰 5,000m 페이스 달리기를 포함하여 주당 1회 수준을 권장한다.

역치 달리기의 최소시간은 20분이며 최대시간은 60분이다. 훈련 중 60분을 역치 페이스로 달릴 수 있는 러너는 엘리트 선수 외에는 거의 없기에 실전에서 많이 활용하는 훈련이 '템포런'이다. 엘리트선수들은 8㎞, 12㎞, 16㎞ 템포런을 주로 실시하는데 나는 마스터스 주자에게는 템포런이자 역치주로 8㎞를 추천한다. 훈련시의 8㎞ 템포런 페이스는 10㎞ 대회에서 동일하게 유지해도 지속할 수 있으며, 스피드 훈련에서 매우 중요한 5㎞ 레이스 페이스 달리기에 대한 부담을 덜어 준다.

역치 달리기의 또 다른 중요한 실전 훈련 방법은 천천히 달리기 또는 마라톤 페이스 달리기를 하다가 속도를 올려 역치주로 20분 이상 지속하는 가속 달리기(Progression Running)인데 별도의 장에서 설명토록 하겠다.

## 5,000m 페이스 달리기

기록과 경쟁을 목적으로 달리기를 하는 엘리트 선수들은 코치와 함께 인터벌과 리피티션을 체계적으로 실행하고 관리하는 반면, 마스터스 러너의 대부분은 코치가 없고 지속적으로 인터벌이나 리피티션을 실시하기에는 경험과 지식이 모두 턱없이 부족하다. 그러다보니 실행 하더라도 정상적으로 수행되지 않아 효과는 별로 없고 부상의 위험성만 증가시키는 것이 현실이다. 이 책에서는 마스터스 러너가 인터벌 훈련과 리피티션 훈련을 직접 실시할 수 있도록 자세하게 안내하고 있지만 그럼에도 불구하고 정교한 목표설정과 페이스 배분 등이 쉽지 않은 것이 사실이다. 그래서 인터벌과 리피티션을 대체하여 기록단축 및 목표관리가 가능하고, 의지만 있다면 실행이 상대적으로 어렵지 않은 5,000m 달리기를 레이스 페이스 달리기의 최소 거리로 다루고자 한다.

5,000m 기록의 2배에 엘리트 러너는 1분, 마스터스 러너는 1분에서 최대 2분을 더하면 10㎞ 기록 추정이 가능하다. 예를 들어 5,000m 기록이 18'30"이면, 10㎞를 38분에 달릴 수 있고, 최소 수준의 마일리지가 축적되기만 하면 마라톤에서 '안정적이고 지속적으로' Sub-3를 유지할 수 있다. 한편, 5,000m 기록이 19'20"이면, 10㎞를 40분이내에 달릴 수 있고, 마라톤에서 싱글 수준의 기록을 쉽게 유지할 수 있으며 천천히 달리기와 마라톤페이스 달리기가 충분히 이루어진다면 Sub-3도 가능하다. 비슷한 방식으로 Sub

330, Sub 400 등으로 순차적으로 확장 적용이 가능하다. 나의 경우 5,000m 기록은 17'40", 10㎞ 기록은 36'30"로 5,000m의 2배에 1분 10초를 더하면 10㎞ 기록이다.

엘리트 선수의 사례에서도 확인 할 수 있다. 엘리우드 킵초게(Eliud Kipchoge)의 경우 5,000m 최고기록 12'46" 이고 10,000m 최고기록은 26'49"로 5,000m의 2배에 1'17"를 더하면 10㎞ 기록이고, 2012년 5,000m와 10,000m 올림픽 챔피언 영국의 모 파라(Mo Farah)에 적용해 보면 5,000m 최고기록 12'53"이고 10,000m 최고기록 26'46"로 5,000m 최고기록의 2배에 정확하게 1분을 더한 기록이 10㎞ 최고기록이다.

즉, 5,000m 기록은 10㎞와 하프를 거쳐 마라톤까지 자신의 달리기 수준을 점검하고 예측할 수 있는 바로미터가 된다. 그것을 가장 과학적이고 정확하게 적용한 것이 잭 다니엘스의 'VDOT 일람표'이다. 5,000m부터 마라톤까지 어떤 거리이건 정확한 기록을 가지고 있다면 스마트폰의 VDOT 계산 어플리케이션에 입력하여 지금 바로 환산 페이스를 찾아보도록 하자.

내가 기준을 5,000m부터 시작하는 이유는 스피드와 지구력이 결합되어야 가능한 최소, 최적의 거리이기 때문이다. 이 경우도 엘리트 선수들의 사례를 보면 주 종목이 결정되는 성인부에 들어서면 20대의 젊은 시절에 5,000m와 10,000m에서 좋은 기록을 냈던 선수들은 자연스럽게 마라톤으로 진화하는 경우가 많지만, 3,000m 이하를 주 종목으로 하는 선수들이 마라톤으로 전향하는 경우는 흔치 않다. 이 책에서 내가 언급하는 역대 최고의 중장거리 러너들인 하일레 게브르셀라시에, 케네니사 베켈레, 모 파라, 엘리우드 킵초게, 티그스트 아세파, 시판 하산 등은 모두 그것을 증명하는 사례이다.

그러면 **5,000m 페이스런** 은 어떻게 하면 좋을까?

① 부상을 예방할 수 있는 적당한 쿠션과 착지 시 안정감이 있는 가장 좋아하는 중거리용 러닝화를 신는다. 지속주 중 가장 빠른 달리기이기에 심리적으로 안정감을 주는 좋은 러닝화가 도움이 된다.

② 업다운이 없는 평지의 정확한 거리를 설정한다. 400m 육상 트랙 12.5바퀴가 가장 좋지만 어렵다면 좋아하는 러닝 코스에 5㎞ 구간을 만들면 된다.

③ 3㎞ 이상 조깅 및 종반부 적당한 가속으로 충분히 워밍업을 한다.

④ 잭 다니엘스의 VDOT 일람표를 참고로 목표기록을 설정하고 정확한 랩타임 또는 ㎞당 이븐 페이스를 배분한다.

⑤ 출발 직후 오버페이스를 가장 경계해야 한다. 나는 초반에 200m 단위로 랩타임을 체크하여 오버페이스의 경우 신속히 페이스를 조절한다. 이 과정이 없으면 오버페이스로 인해 후

반 페이스 저하의 가능성이 높다.

⑥ 페이스 설정 및 조절이 잘 되었다면 3,000m를 전후로 고비가 찾아온다. 그렇지 않고 여유가 있다면 너무 천천히 달린 것이다. 힘들지만 남은 거리가 더 짧다는 것에 위안을 얻으며 페이스를 유지해야 한다.

⑦ 너무 힘들어 페이스를 유지할 수 없다면 결과적으로 오버페이스이다. 적정 페이스라면 힘들어도 2,000m 정도는 견뎌낼 수 있다. 마지막 1㎞에 속도를 올릴 수 있다면 이 경우는 다음 측정에서 약간 페이스를 상향하는 게 좋다.

⑧ 보깅 운동으로 이 책의 뒷부분에 다루는 리피티션 트레이닝을 참고하여 200m 리피티션 5~10세트를 권장한다. 적당한 피로 상태에서의 리피티션은 몸에 힘이 빠져 있기에 자세 교정 및 완성에 효과적이다. 다만 부상 징후가 있다면 생략한다. 이후 편안한 조깅으로 쿨다운 하며 마무리한다.

⑨ 랩타임별 결과를 반드시 모니터링해서 부족한 부분을 다음 측정에서 교정해야 한다. 목표는 완벽한 이븐페이스 또는 경미한 네거티브 스플릿이다. 또한 심박수 및 스텝수도 체크한다. 상급 러너라면 중반부 이후 심박수가 최대심박수 대비 90~95% 수준, 중급 러너라면 90% 내외의 역치 달리기가 되어야 하며 스텝수는180~190spm을 유지해야 한다. 기록에 얽매여서 5,000m를 마라톤을 달릴 때보다 빠른 스텝수로 달리다 보면 오버페이스의 가능성이 높아지고 중장거리로 넘어갈 때 스텝수가 달라지는 문제가 생긴다. 5,000m부터

마라톤까지는 동일한 스텝수로 달리는 것이 가장 효율적이
다. 이 훈련의 목적지는 10㎞부터 마라톤까지 거리를 늘려
가며 스피드를 향상시키는 과정이지 5,000m 레이스만을 목
적으로 하는 트레이닝이 아님을 잊지 말자. 스텝수 설정 및
유지가 어렵다면 메트로놈을 활용하라.
⑩ 어떤 날은 2~3㎞쯤 지나서 페이스가 너무 느리다는 걸 느낄
수도 있는데, 나는 그런 경우 뒤늦게 가속해서 마치기보다는
10,000m로 변경해서 마무리함으로써 실패한 5,000m 훈련
을 성공한 10,000m 페이스런으로 바꾸기도 한다.

한편, 5,000m 페이스 달리기를 할 때 컨디션에 따른 편차는 과
한 운동으로 근육이 지나치게 피로한 상태가 아니라면 크게 차이
나지 않는다. 자신의 베스트 기록 대비 30초 내외를 초과한다면,
운동량이 부족하거나, 많이 피로한 상태이거나, 심한 오버페이스인
경우가 될 것이다. 컨디션에 따른 편차가 크지 않다는 점이 내가
5,000m의 지속적인 관리를 추천하는 이유이기도 하다. 거리가 늘
어날수록 결과치에 대해 이런저런 스스로의 합리화 여지가 많은데
5,000m는 핑계에 의한 편차가 크지 않기에 효율적인 점검 수단이
다. 운동을 꾸준히 하고 있는 상황인데 30초를 넘어서는 편차가 발
생했다면 측정에 성의 있게 임하지 않은 것이다.

굳이 긴 거리를 달리며 시간을 낭비하지 않아도 30분만 투자하
면 나의 수준을 정확하게 알 수 있으면서 훌륭한 스피드 훈련이 되

는데 이것을 활용하지 않을 이유가 없다. 경험적으로 매주 하는 것은 또 다른 부담 요인이 되곤 하니 2~4주마다 정기적으로 측정하는 것을 루틴으로 하길 권장한다. 만약 5,000m 및 그 이하가 주 종목인 엘리트 선수로서 최고기록이 목표라면 스텝수를 195spm까지 올려도 좋다. 위의 예시는 중장거리부터 마라톤까지를 전문으로 하는 러너를 기준으로 한 것이다.

# 가속 달리기(Progression Running)

　나는 10㎞ 달리기에서 40분을 기록할 때까지 어떤 형태의 인터벌이나 리피티션 훈련을 하지 않고 가속 달리기로 기록을 단축했다. 당시 내가 주로 했던 것은 워밍업후 10㎞ 페이스런을 전반 5㎞는 마라톤 페이스로 후반 5㎞는 역치 페이스로 달리는 것이었다. 내가 권장하는 가속 달리기는 이와 같이 달리는 중간에 분명하게 페이스 변화를 주어 후반부에 역치 달리기로 마무리함으로써 거리와 강도를 모두 소화하는 것이다.

　인간은 기계가 아니기에 달리기를 무 자르듯 경계를 분명하게 하기 어렵고 반드시 그래야만 하는 것도 아니다. 초보자는 더욱 그 조절이 쉽지 않다. 무엇보다도 그날의 컨디션에 따라 운동을 하는 과정에서도 얼마든 변경할 수 있고 그렇게 함으로써 달리기가 주는 특유의 리듬감이나 즐거움을 배가시키고 부상을 예방할 수 있는데 빽빽한 계획표를 만들고 숙제하듯 재미없는 달리기만을 할 이유가 없다. 가속 달리기는 처음부터 목표를 가지고 할 수도 있고, 그날 목표했던 천천히 달리기나 페이스런을 중간에 변경해서 가속 달리기로 전환할 수도 있다. 중요한 것은 단계별 가속의 수준과 마지막 단계의 20분 이상 템포런이다.

　내가 러닝클래스에서 많이 하는 마스터스 중·상급자기준

**가속 달리기** 의 사례를 소개하겠다.

① 천천히 달리기로 시작해 워밍업이 되면 5분/㎞ 페이스로 40~60분간 지속한다. 더 빨리 뛰고 싶더라도 참고 페이스를 유지함으로써 천천히 달리기 또는 마라톤 페이스런의 장점을 몸에 기억시킨다. 상급자와 중급자가 함께 할 수도 있다. 상급자에겐 천천히 달리기가 되고, 중급자에겐 마라톤 페이스런이 된다.

② 리듬감 있게 자연스러운 가속을 하고 최종 5㎞를 각자의 레이스 페이스로 최선을 다한다. 적당히 피로가 누적된 상태이기에 5,000m 레이스보다는 다소(5~10초/㎞) 느리게 되지만 신체에 주는 부하와 훈련 효과는 결코 작지 않다.

③ 2㎞ 이상의 조깅으로 쿨다운하고 경직된 근육을 자세훈련(Form Drills)과 스트레칭으로 풀어준다.

이런 식으로 가속 달리기를 하게 되면 달리기 분류표상 8~12㎞ 천천히 달리기 또는 마라톤 페이스 달리기와 5㎞의 템포런이 혼합되어 실제로는 13~17㎞ 역치 달리기와 유사한 강도 높은 달리기를 비교적 어렵지 않고 리드미컬하게 실행할 수 있어서 훈련을 마친 후의 효과와 만족감이 대단히 높다.

나는 힘든 역치 달리기를 목표하고 나갔는데 워밍업 과정에서 몸이 무거우면, 천천히 달리기나 마라톤 페이스 달리기로 변경해서 일정 시간 살펴본 후, 컨디션이 회복되면 후반 가속주로 변경하곤 한다. 대회를 준비하는 러너의 달리기는 의무감만으로 지속하기에는 때때로 너무 힘든 운동이기도 하기에 어떻게든 스스로 재미를 찾아야 하는데 그 과정의 산물이 가속 달리기이다.

내가 추천하는 가속 달리기는 위와 같은 식으로 페이스 변동 폭이 30초/㎞이상 크고 역치 수준으로 마무리하는 것이지만, 일반적으로는 변동 폭을 5~15초 수준으로 축소하고 변동의 횟수를 3단계 이상 늘려서 계단식으로 페이스를 가속하는 방법이 더 많이 알려져 있다. 또한 반드시 역치 페이스가 아닌 천천히 달리기로 시작해 마라톤 페이스로 마쳐도 된다. 페이스를 올리고 내리고를 반복하는 방식으로의 변형 또한 가능하다. 자신의 달리기에서 규칙이나 방식은 얼마든지 바꿀 수 있는 것이니 보다 재미있게 할 수 있도록 다양하게 개발해 보자.

# 인터벌 훈련(Interval Training)

인터벌 훈련에 대해 들어보지 않은 러너는 많지 않을 테지만 그에 대한 이해도와 내용은 천차만별이다. 코치와 엘리트 선수들도 매우 다양하게 이해 및 실행하고 있고 심지어 잘못 알고 있는 경우도 많다. 인터벌 트레이닝보다 달리기 수준 향상에 도움이 되는 훈련은 없을 만큼 중요하고, 지금도 전 세계의 모든 엘리트 선수들이 인터벌 훈련을 실시한다. 그러므로 조금 자세히 다루고자 한다.

인터벌 훈련은 기본적으로 힘든 러닝과 짧은 회복 러닝을 반복해서 연속적으로 수행하는 것이라는 점은 누구나 알고 있는데 그 정도만 알고 적용하다 보면 엉뚱한 곳에 가 있을 확률이 높다. 당신이 코치이거나 진정 수준향상을 원하는 러너라면 이 장을 반드시 완벽히 숙지하고 훈련에 임하길 권장한다. 흔히 훈련이 힘들면 열심히 한 것이고 효과가 좋을 것이라 생각하지만 인터벌은 그렇지 않을 수 있다는 점을 알아야 한다. 즉, 정확히 알고 제대로 실행하지 않으면 힘들기만 하거나 부상만 얻을 수도 있다.

인터벌을 이해하기 위해서는 우선 그 목적을 정확히 알아야 한다. 목적이 분명하면 각각의 단계와 요소를 해석하고 실행할 때 목적에의 부합 여부를 확인하면 되기 때문이다. 인터벌 훈련의 목적은 유산소 운동능력을 극대화하는 것으로, 이를 최대한 높이기 위해서 VO2Max 스트레스 상태를 반복적으로 주는 것이고 그 시간은 연구의 결과 단일 훈련에서 최대 10~15분으로 알려져 있다.

**황반장의 달리기 페이스 분류표**

| 구분 | 운동시간 | MHR(%) | VO2Max | 목적 | 비고 |
|---|---|---|---|---|---|
| 천천히 달리기 (Fun) | 30~ 180분 | 60~ 80% | 60~ 75% | 유산소 기초 배양 및 부상 예방 | 심근 및 근지구력 강화 산소운반력 향상 |
| 마라톤페이스 (Marathon Pace) | 30~ 150분 | 80~ 90% | 75~ 85% | 마라톤 페이스 적응 및 지구력 향상 | 30km 이내 |
| 역치 (Threshold) | 20~ 60분 | 90~ 95% | 85~ 88% | 젖산 제거 및 억제 능력 향상 | 5~20km 레이스 |
| 인터벌 (Interval) | 회당 3~5분 | 95~ 100% | ~100% | 유산소 능력 극대화 (VO2Max & 스피드) | 800m, 1,000m, 1,600m |
| 리피티션 (Repetition) | 회당 2분미만 | - | 무산소 | 무산소 능력, 스피드 및 러닝이코노미 향상 | 200m, 300m, 400m |

예를 들어 힘든 러닝 3분과 회복 조깅 2분을 반복한다고 가정했을 때, VO2Max에 도달할 수 있는 페이스로 달리더라도 그 상태에 도달하기까지 보통 2분정도 소요되기에 실제 VO2Max 스트레스 시간은 1분이 된다. 그렇다면 이 인터벌의 횟수는 10~15세트가 최대치이자 적정치가 되는 것이다. 그 이상은 VO2Max 스트레스 허용 시간을 초과하게 되어 힘들기만 한 훈련이 된다.

또한 회복 시간을 지나치게 짧게 설정하거나, 초반 세트에서 너무 빨리 달려서 회복이 덜 된 상태에서 다음 질주를 들어가게 되면, 질주 시작 후 2분 이전에 VO2Max 스트레스에 노출될 수 있고 그것이 반복되면 조기에 지친 상태가 되어 목표 페이스를 지키지 못하고 훈련 효과가 없는 구간에서의 고된 운동만 될 뿐이다. 결국 인터벌 훈련은 러너의 운동능력과 각 세트를 실행하는 과정의 느낌까지 세세하게 관찰하여 정교하게 설정하고 실행해야 하는 것이다.

한편, 인터벌 훈련의 각 세트 내 질주 시간은 3~5분을 적정치로 한다. 위에서 언급했다시피 정상적으로 설정된 계획이라면 질주 시작 후 2분이 지나야 VO2Max 구간에 들어서고 그 상태로 1~3분을 유지하고 회복에 들어가야 하는데 5분을 넘어서게 되면 한 세트에서 VO2Max 스트레스에 과다하게 노출되어 너무 힘들 뿐만 아니라 그런 상태로 많은 세트를 소화할 수도 없고 페이스를 미스하여 소화하는 것은 아무런 실효가 없기 때문이다. 만약 회복 시간을 짧게 한다면 질주 시간을 3~5분보다 더 단축할 수 있다.

모든 것을 고려해보면 인터벌 훈련은 엘리트 선수의 경우 800~1,600m를 질주 구간으로 하고, 마스터스 러너라면 800~1,200m가 적절한 질주 구간이 된다. 그 이상의 거리를 반복적으로 훈련할 수는 있으나 그것은 인터벌 훈련이 아닌 고강도 페이스런, 즉 역치 달리기의 반복으로 분류하는 것이 좋다. 그 미만의 거리는 다음 장에서 다룰 리피티션 트레이닝에 해당한다.

인터벌 훈련은 어떻게 실시해야 하는가? 인기 있는 프로그램인 '야소 800(Yasso 800s)'과 비교한 아래 페이스 예시표를 참고하여 마라톤 대회를 대비하는 **800m 인터벌**을 함께 해 보자. 미국의 육상선수이자 전 Runner's World의 Chief Running Officer였던 바트 야소(Bart Yasso)가 마라톤 목표 기록을 예측코자 소개한 프로그램으로 아마도 전 세계에서 가장 인기 있는 인터벌 프로그램일 것이다. 다만, 엘리트 선수에겐 인터벌 훈련으로써는 너무 쉬울 수 있으니 회복 조깅을 아래 기준보다 짧게 가져갈 필요가 있다. 경험적으로 마라톤 2시간 30분부터 3시간 30분 구간의 러너에게는 비교적 정확한 예측치를 제공하고 훈련 효과도 좋다.

① 충분한 쿠션과 토박스(Toebox)에 약간의 여유가 있어서 발가락이 움직일 수 있을 정도의 지면에 대한 그립력이 좋은 데일리 트레이닝화를 선택한다. 지나치게 쿠션이 많은 장거리용 레이스화는 파워 있는 달리기 시 안정감이 상대적으로 떨어져서 부상의 위험을 높일 수 있다. 인터벌은 러너의 신체에 가장 부담을 주는 달리기이다.

② 정규 육상트랙에서 실시하는 것이 가장 좋다. 육상트랙은 도로에 비해 충격 흡수와 달리기 리듬이 좋고 직관적인 거리 측정이 되어 심리적으로도 도움이 된다. 어렵다면 평지의 정확한 800m 거리를 확보한다. 힘든 과정이니 달리기의 집중에 방해가 되는 요소들이 없어야 한다.

③ 3㎞ 이상 조깅을 종반부에 적당한 가속으로 마무리하여 충

분히 워밍업을 한다.

④ 아래 예시표를 참고하여 목표 페이스를 설정한다. Sub-3 목
표 시 800m 3분 질주 후 400m 3분 회복 조깅 12세트가 기
본으로 자신의 마라톤 목표페이스의 목표 시간을 분 단위로
맞추면 된다. Sub-310 목표 시 3'10" 질주 + 3'10" 조깅이다.
초보자라면 세트수를 줄이고 엘리트 러너라면 16세트까지
늘리는 것을 권장한다. 참고로 야소의 기준은 10세트이다.

⑤ 초반 세트는 다소 쉽게 느껴지는데, 이때 페이스를 목표보다
올리면 후반에 유지하지 못하게 된다. 후반 7세트 이후가 진
짜 훈련의 시작임을 명심하자. 나는 모든 트랙 달리기 시 초
반 200m 랩타임을 체크하여 페이스를 즉각 조정하는 것을
습관으로 한다. 그날 훈련의 성패가 초반 오버페이스에 통제
에 달려있기 때문이다.

⑥ 11, 12세트 시 여유가 있다면 페이스를 최대한 올려도 좋다.
정교하게 설정이 되었다면 페이스 유지도 만만치 않다. 이
시점에 지나치게 여유가 있다면 다음 훈련 시 페이스를 상향
해야 한다.

⑦ 2㎞ 이상의 조깅으로 쿨다운한다.

⑧ 랩타임별 결과를 모니터링해서 부족한 부분을 다음 훈련
시 교정한다. 세트 간 페이스 및 세트 내에서도 전반 400m
와 후반 400m가 이븐페이스 또는 네거티브 스플릿을 유지
해야 한다. 인터벌 훈련의 목적은 VO2Max 스트레스에 노
출된 시간이 중요함을 앞서 언급한 바 있는데, 정확한 측정

이 어려우니 최대심박수의 95% 내외에서 유지되는지 확인하자. 스텝수의 경우 표준 스텝의 최상단인 190spm 수준을 권장한다. 스텝수에 의존한 스피드 러닝 습관은 중장거리를 달리는 러너에게 적합지 않음을 늘 명심하자. 다만, 주 종목이 3,000m 이하, 최대 5,000m인 엘리트 선수라면 195spm 수준까지 자연스럽게 상향해도 된다. 인터벌 훈련 시에도 메트로놈을 활용하면 스텝수뿐만 아니라 페이스 조절에도 상당히 효과적이다.

황반장의 인터벌 훈련 페이스 예시표

| For Marathon | 800m × 12Sets | | | | |
|---|---|---|---|---|---|
| Sub-H:m | Run (Interval) | 400m | Recovery (400m) | Yasso | VDOT |
| 2시간 10분 | 2'10" | 65 | 2'10" | 2'10" | 2'11" |
| 2시간 20분 | 2'20" | 70 | 2'20" | 2'20" | 2'20" |
| 2시간 30분 | 2'30" | 75 | 2'30" | 2'30" | 2'29" |
| 2시간 40분 | 2'40" | 80 | 2'40" | 2'40" | 2'39" |
| 2시간 50분 | 2'50" | 85 | 2'50" | 2'50" | 2'48" |
| 3시간 | 3'00" | 90 | 3'00" | 3'00" | 2'58" |
| 3시간 10분 | 3'10" | 95 | 3'10" | 3'10" | 3'07" |
| 3시간 30분 | 3'20" | 100 | 3'20" | 3'30" | 3'26" |
| 4시간 | 3'40" | 110 | 3'40" | 4'00" | 3'53" |

위의 표는 800m 인터벌의 페이스를 야소800 및 잭 다니엘스의 VDOT일람표와 비교한 것으로 3시간 30분 이상에서는 야소800과 잭 다니엘스의 기준이 인터벌의 목적에 다소 부족하여 상향 조정하였다. Run은 800m의 질주 목표이고 400m는 그것을 체크하기 좋도록 400m당 시간으로 표기한 것이다.

한편 엘리트 선수의 경우 1,600m 질주 구간을 5분이내에 소화할 수 있으나 마스터스 러너에겐 거의 불가능하다. 이 경우 1,200m로 대체할 수 있으나 일반적으로 선호하지 않는다. 그러면 마스터스 러너는 1,600m 인터벌을 할 필요가 없는 것일까? 나는 러닝스쿨에서 마스터스 러너를 대상으로 마라톤 준비 과정의 훈련프로그램으로 400m와 800m, 그리고 1,600m 인터벌을 메인으로 매년 상반기와 하반기 2회씩 진행해 온 바 있다. 마스터스 러너에게 1,600m 반복 달리기는 인터벌보다는 역치달리기의 반복에 가깝지만 분류 방법이 중요한 것이 아니라 마라톤을 준비하는 과정에서 매우 효과적인 훈련 프로그램 중 하나라는 점이다. 제프 겔러웨이는 10㎞ 선수는 400m 인터벌로, 마라톤 선수는 1,600m 인터벌을 스피드 훈련의 메인 프로그램으로 설정한 바 있다. 엘리트 선수의 경우에도 인터벌 훈련의 범위를 초과하는 2,000m나 3,000m 반복 달리기를 훈련프로그램에 포함한다. 젖산 역치를 높이는 달리기와 VO2Max 극대화를 위한 인터벌 훈련은 모두 궁극적으로 중장거리 달리기에서 최선의 결과를 내기 위한 훈련으로, 더 좋은 결과를 위해서라면 두 가지, 세 가지 훈련을 혼합할 수도 있다.

황반장의 인터벌 훈련 페이스 예시표

| For Marathon | 1,600m × 10Sets | | | | |
| --- | --- | --- | --- | --- | --- |
| Sub-H:m | Run (Interval) | 400m | Recovery (400m) | Galloway | VDOT |
| 2시간10분 | 4'32" | 68 | 2'15" | - | 4'23" |
| 2시간20분 | 4'48" | 72 | 2'25" | - | 4'42" |
| 2시간30분 | 5'08" | 77 | 2'36" | - | 5'00" |
| 2시간40분 | 5'32" | 83 | 2'46" | 5'40" | 5'19" |
| 2시간50분 | 5'48" | 87 | 2'54" | 6'00" | 5'39" |
| 3시간 | 6'20" | 95 | 3'10" | 6'25" | 5'58" |
| 3시간10분 | 6'40" | 100 | 3'20" | 6'45" | 6'17" |
| 3시간30분 | 7'20" | 110 | 3'40" | 7'30" | 6'55" |
| 4시간 | 8'00" | 120 | 4'00" | 8'30" | 7'28" |

위의 표는 마라톤에 대비한 1,600m 인터벌의 페이스 예시를 제프 겔러웨이가 제시한 기준 및 잭 다니엘스의 VDOT 일람표에 의한 페이스와 비교한 것이다. 경험적으로 VDOT는 다소 타이트하고 겔러웨이의 기준에 따르면 너무 쉬운 감이 있어서 조정하였다. Run은 1,600m의 질주 목표이고 400m는 그것을 체크하기 좋도록 400m당 시간으로 표기한 것이다.

위의 표는 참고용 예시로 반드시 그대로 해야 하는 것은 아니나 전문가들의 코칭 경험이 반영된 것이니 자신의 케이스에 적용할 때 비교해서 적절한 페이스를 설정토록 하자. 실행방법은 800m 인터벌과 유사하게 하되 질주시간이 두 배로 늘어나기 때문에 상당히 힘들다. 초반 오버페이스를 경계하며 페이스 조절을 매우 정교하게 해야 하고, 7세트 이후가 진짜 훈련의 시작이라는 마음으로 임해야 한다. 힘든 만큼 10세트를 목표대로 완수한다면 대단한 자신감과 함께 실질적으로 마라톤의 목표기록에 대비한 준비가 마무리되었음을 의미한다.

한편, 중장거리를 달리는 엘리트 선수와 마스터스 러너 모두에게 유익한 인터벌 훈련 거리가 1,000m이다. 앞서 5,000m와 10,000m 기록이 마라톤의 바로미터인 것처럼 1,000m 기록은 거리를 늘리는 다른 모든 종목에 직관적인 예측이 가능토록 하고, 트랙이 아니어도 자신에게 익숙한 장소에서 구간을 나눠 실시할 수 있다는 점도 장점이다. 내가 주로 달리기를 하는 장소는 인천대공원 내부 순환도로인데 중간 부분에 호수를 순환하는 1.4㎞ 구간이 있어서 1,000m 질주 후 400m를 조깅하는 식으로 인터벌 훈련에 활용한다. 누구나 주변에 적당한 장소를 어렵지 않게 찾을 수 있을 것이라 본다.

오른쪽 표는 10,000m 레이스를 대비한 1,000m 인터벌 훈련의 페이스 예시이다. VDOT의 인터벌, 리피티션 기준과 비교하여 각자 자신에게 맞는 페이스를 설정하기 바란다. 회복 시간의 경우 트랙에서의 인터벌 기준 200m 회복 조깅으로 제시한 것으로 질주 시간의

50% 내외이다. 엘리트 선수의 경우 조금 더 타이트하게, 마스터스 러너의 경우 반대로 회복 거리와 시간을 조금 더 길게 가져갈 수도 있다. 5세트부터 최대 10세트까지 다양하게 실시할 수 있으며 엘리트 선수의 경우 마라톤에 대비할 경우 15~20세트까지 실시하기도 한다.

**황반장의 인터벌 훈련 페이스 예시표**

| For 10km | 1,000m × 5~10Sets | | | |
|---|---|---|---|---|
| Sub-m | Run(Interval) | Recovery (200m) | VDOT (Interval) | VDOT (Repetition) |
| 30분 | 2'50" | 1'25" | 2'53" | 2'38" |
| 32분 | 3'00" | 1'30" | 3'04" | 2'49" |
| 35분 | 3'20" | 1'40" | 3'20" | 3'05" |
| 38분 | 3'40" | 1'50" | 3'37" | 3'22" |
| 40분 | 3'50" | 2'00" | 3'48" | 3'33" |
| 45분 | 4'15" | 2'10" | 4'15" | 4'00" |
| 50분 | 4'40" | 2'20" | 4'41" | 4'26" |

인터벌 훈련은 질주 시간과 회복 시간을 어떻게 구성하느냐에 따라 비슷한 수준의 러너라도 상당히 다른 방식으로 이루어질 수 있고 트레이닝 효과도 큰 차이가 날 수 있다. 목표 달성이 절실한 러너라면 전문가의 도움을 받아 자신에게 맞는 매우 정교한 프로그램을 설정·실행하기를 다시 당부한다.

한편, 마라톤 기록이 3시간 30분을 초과하거나 10㎞ 40분을 초과하는 러너 및 초보자에게 인터벌 훈련이 필요한지에 대해서는 코치들 사이에서도 논란이 있다. 개인적으로 그 수준에서는 힘든 인터벌 훈련보다 위에서 언급한 가속 달리기, 5,000m 페이스 달리기 등 보다 재미있게 기록을 단축할 수 있는 러닝을 주로 활용하는 것도 좋다고 본다. 다만, 인터벌 훈련의 목적인 VO2Max 극대화는 모든 러너에게 공통된 과제인 만큼 풀세트는 아니더라도 세트수를 줄여서 한계치에 다가가는 연습을 하는 것은 달리기를 즐기고 진정한 러너가 되는 데 도움이 될 것이라 생각한다. 또한, 다음 장에서 다루게 될 리피티션 훈련으로 개선된 자세를 완성시키는 과정에서도 느린 달리기보다 빠르고 힘 있는 달리기가 훨씬 효과적이라는 점도 무시할 수 없다. 너무 두려워하지 말라. 인터벌도 달리기의 한 방법일 뿐이다.

# 리피티션 훈련(Repetition Training)

인터벌은 불완전 회복 후의 질주 반복이고, 리피티션은 완전 회복 후 질주의 반복으로 단순하게 이해하고 있는 러너가 대부분이고 심지어 코치들도 그렇게만 이해하고 있는 경우가 많은데, 틀린 것은 아니지만 절반만 알고 있는 것이다. 지금도 800m나 1,000m 거리를 리피티션 트레이닝 한다고 하는 정보가 광범위하게 유통되고 있다. 내가 리피티션을 처음 체험한 것도 육상선수 출신 코치가 운영하는 러닝아카데미에서 1,600m 리피티션을 실시하는 훈련이었고, 그것이 인터벌도 리피티션도 아니라는 걸 알기까지 오랜 시간이 걸렸다. 정보 과다의 시대에는 잘못된 정보도 그만큼 많다.

인터벌과 리피티션의 가장 큰 차이는 인터벌은 유산소 달리기이고 리피티션은 무산소 달리기의 영역이라는 점으로, 인터벌 훈련이 VO2Max 극대화를 목적으로 하는 반면, 리피티션 훈련은 무산소 하에서 스피드와 러닝이코노미를 향상시키는 것을 목적으로 하기에 2분 이내에 질주하고 심박수가 100bpm 이하로 안정되도록 회복한 후 다시 질주를 반복한다. 회복기에는 조깅보다 걷는 것이 더 좋다. 2분 이내에 질주를 마칠 정도의 스피드 달리기이기에 엘리트 선수라면 600m, 마스터스 러너는 400m를 초과하는 거리는 리피티션보다 인터벌 훈련이 적합하다. 1마일(1,600m)을 4분 이내에 달릴 수 있는 탑 클래스 엘리트 선수라면 800m까지 가능할 수 있다.

황반장의 달리기 페이스 분류표

| 구분 | 운동시간 | MHR(%) | VO2Max | 목적 | 비고 |
|---|---|---|---|---|---|
| 천천히 달리기 (Fun) | 30~180분 | 60~80% | 60~75% | 유산소 기초 배양 및 부상 예방 | 심근 및 근지구력 강화 산소운반력 향상 |
| 마라톤페이스 (Marathon Pace) | 30~150분 | 80~90% | 75~85% | 마라톤 페이스 적응 및 지구력 향상 | 30km 이내 |
| 역치 (Threshold) | 20~60분 | 90~95% | 85~88% | 젖산 제거 및 억제 능력 향상 | 5~20km 레이스 |
| 인터벌 (Interval) | 회당 3~5분 | 95~100% | ~100% | 유산소 능력 극대화 (VO2Max & 스피드) | 800m, 1,000m, 1,600m |
| 리피티션 (Repetition) | 회당 2분미만 | - | 무산소 | 무산소 능력, 스피드 및 러닝이코노미 향상 | 200m, 300m, 400m |

근육은 유산소적 방법과 무산소적 방법으로 포도당을 태워서 근육의 기계적 활동에 필요한 에너지를 제공하는데, 단거리 달리기처럼 짧은 시간에 큰 에너지 방출이 필요할 경우 무산소성 에너지를 빠르게 이용하지만 산소를 사용하는 유산소성 에너지에 비해 금방 바닥이 나며 젖산이 빠르게 축적되고 운동이 힘들어 곧 지속할 수 없게 된다. 2분 이상의 리피티션 질주는 실행이 거의 불가능할 뿐만 아니라 일부러 젖산을 과도하게 축적하고 달리는 것으로 인터벌 훈련의 효과도 없고 리피티션의 목적에도 부합하지 못해 고통스럽기만 한 달리기가 될 수 있다.

　리피티션과 인터벌을 혼동하지 말아야 하는 또 다른 중요한 이유는 좋은 자세를 형성하고 기억시키는 데 리피티션이 효과적이기 때문이다. 두 훈련을 잘못 이해하여 리피티션 질주를 너무 길게 하거나, 불완전 회복상태에서 질주를 반복하면 흐트러진 자세로 억지로 수행할 가능성이 높아진다.

　좋은 자세와 러닝 리듬을 형성하기에 가장 효과적이며 초보자부터 엘리트 선수까지 모두에게 유용한 **200m 리피티션**을 함께 실시해 보자. 초보자는 가능한 세트를 무리하지 않게 하고, 잘 훈련된 러너도 20세트를 초과하지 않는다. 인터벌처럼 힘든 달리기가 아니어서 심리적 부담은 크지 않지만 훈련 효과와 만족도는 최상이다.

① 인터벌 훈련과 마찬가지로 충분한 쿠션과 바닥 그립력이 좋은 편안한 러닝화를 선택한다. 리피티션은 가장 파워 있는 달리기로 발목, 무릎 등 신체 부담이 크다.

② 지면이 탄력적이고 러닝 느낌이 좋은 정규 육상트랙에서 실시하는 것이 가장 좋지만 어렵다면 평지의 200m 거리를 확보한다. 기록이 목적이 아니기에 반드시 200m가 아니어도 그 내외 거리라면 무방하다.

③ 3㎞ 이상 조깅을 중반부에 적당한 가속으로 마무리하여 충분히 위밍업을 한다.

④ 메트로놈을 190spm에 맞추어 스텝수가 지나치게 빨라지는 것을 통제한다. 200m의 경우 목표 페이스를 정하지 않아도

스텝수를 맞춤으로써 좋은 자세와 스피드 근육을 만들 수 있다. 스피드는 발이 아닌 무릎이 선행하는 달리기로 보폭을 늘려 만든다는 마음을 가진다.

⑤ 출발 직후 스텝수가 빨라지려고 하는 것을 가장 경계한다. 메트로놈에 맞춰 무릎을 선행시켜 큰 보폭으로 성큼성큼 내디디며 자연스럽게 리듬을 느낀다. 빨리 가는 것보다 좋은 자세와 리듬을 만드는 것이 우선이다.

⑥ 나머지 200m를 천천히 걸으면서 회복한다. 회복 시간은 심박수가 100bpm 이하가 될 때까지 충분히 가져간다.

⑦ 20세트를 목표로 하되 컨디션과 수준에 따라 줄여서 실행해도 된다.

⑧ 2㎞ 이상의 조깅으로 쿨다운한다.

⑨ 랩타임별 결과를 모니터링해서 부족한 부분을 다음 훈련 시 교정한다. 짧은 거리도 이븐페이스 또는 네거티브 스플릿이어야 한다.

나는 200m를 빨리 달리려 하면 30초까지도 가능하지만 그렇게 달려서는 단거리 스피드 근육은 만들어질지 모르나, 제대로 된 자세를 형성하기 어렵고, 중장거리 달리기를 위한 좋은 리듬과도 무관하며 부상의 위험이 높다. 반면, 190spm에 맞춰 달리면 36초 내외의 랩타임이 나오는데, 이 정도도 나의 중장거리 기록과 비교할 때 결코 느린 속도가 아니며 무릎이 선행하는 적당한 보폭, 중장거리를 위한 좋은 리듬과 자세를 여유 있게 유지할 수 있다. 36초로 달릴 경우 1보는 175㎝로 나의 키와 동일하다. 50대 중반의 나이를 고려하면 훌륭한 수준이다.

어느 정도 훈련된 러너라면 위 방식으로 200m까지는 좋은 자세와 리듬을 유지하는 것이 어렵지 않다. 그러나 200m를 지나면 젖산이 혈액 내에 축적되고 있음을 스스로 느끼게 해주는 무산소 역치 구간을 지나게 된다. 리피티션 트레이닝의 본질적인 효과인 무산소 능력과 스피드 향상, 같은 속도에서 더 적은 산소와 에너지를 소비하는 러닝이코노미 향상이 이루어지는 것이다. 경험적으로 그 효과가 가장 좋은 거리는 **400m 리피티션**이다. 400m 리피티션은 수많은 전설적인 엘리트 선수들에 의해 증명된 훈련방식이기도 하다.

① 인터벌 훈련에 준하는 기준으로 적합한 러닝화를 선택한다.

② 정규 육상트랙 또는 평지의 정확한 400m 거리를 확보한다. 힘들고 빠르게 이루어지니 달리기의 집중에 방해가 되는 요소들이 없어야 한다.

③ 3㎞이상 조깅을 종반부에 적당한 가속으로 마무리하여 충분히 워밍업을 한다.

④ 아래 리피티션 페이스 예시표를 참고하여 목표 세트와 페이스를 설정한다. 최종 목표는 20세트이다.

⑤ 초반 세트는 다소 쉽게 느껴진다. 메트로놈을 이용해 스텝 수를 190spm으로 통제하고 200m 지점에서 중간 랩타임을

체크하는 습관을 들이면 페이스 관리에 효과적이다. 초반 페이스를 목표보다 올리면 후반에 유지하지 못하게 된다. 후반 12세트 이후가 진짜 훈련이다. 5,000m 이하의 종목을 목표로 연습한다면 스텝수를 195spm까지 올려도 좋다.

⑥ 19, 20세트 시 여유가 있다면 페이스를 최대한 올려도 좋다. 정교하게 설정이 되었다면 페이스 유지도 만만치 않다. 이 시점에 지나치게 여유가 있다면 다음 훈련시 페이스를 상향해야 한다.

⑦ 2㎞ 이상의 조깅으로 쿨링다운한다.

⑧ 랩타임별 결과를 모니터링해서 부족한 부분을 다음 훈련 시 교정한다. 세트 간 페이스 및 세트 내에서도 전반 200m와 후반 200m가 이븐페이스 또는 네거티브 스플릿을 유지하고 후반 200m에서 자세와 리듬이 흐트러지지 않아야 한다. 리피티션 훈련의 목적은 좋은 자세 유지와 러닝이코노미 향상에 있음을 명심하자.


아래 표는 10㎞ 레이스에 대비한 400m 리피티션 페이스 예시를 잭 다니엘스의 VDOT 일람표에 의한 페이스와 비교한 것이다. 회복은 심박수가 100bpm 이하가 될 때까지 걷는다. 한편, 400m는 전통적으로 인터벌 훈련의 거리이기도 했고 지금도 많은 러너들이 인터벌 훈련의 대상으로 여기기에 갤러웨이의 400m 인터벌 기준시간도 참고로 비교하였다. 다만, 400m 인터벌의 경우엔 회복 시간을 질주 시간 수준으로 줄여서 불완전회복 상태여야 2분 이내 짧은 질주에도 VO2Max 스트레스에 노출될 수 있음을 기억하자. 400m를 리피티션으로 하는 것과 비교하면 인터벌로 할 경우엔 후반으로 갈수록 체력적인 부담이 커지기에 페이스와 자세 유지가 더욱 중요해진다. 페이스와 자세를 놓치지 않을 수 있는 적절한 질주와 회복 시간을 스스로 찾아낼 수 있도록 세심한 관리가 필요할 것이다.

황반장의 리피티션 페이스 예시표(단위: 초, sec)

| For 10km | 400m × 20Sets | | |
| --- | --- | --- | --- |
| Sub-m | Run(Repetition) | Galloway (Interval) | VDOT (Repetition) |
| 30분 | 65 | - | 63 |
| 32분 | 70 | 72 | 68 |
| 35분 | 75 | 78 | 74 |
| 38분 | 81 | 85 | 81 |
| 40분 | 85 | 90 | 85 |
| 45분 | 95 | 102 | 96 |
| 50분 | 105 | 110 | 107 |

400m 인터벌 훈련은 1952년 헬싱키 올림픽 5,000m와 10,000m 및 마라톤 우승자인 중장거리 러닝의 1세대 전설 에밀 자토펙(Emil Zatopek)에 의해 유명해졌고 오래도록 벤치마크 된 것이다. 단일 올림픽 대회에서 중장거리 3종목을 모두 우승한 선수는 여전히 그가 유일무이한데 하루에 400m 인터벌을 100세트씩 훈련했다고 한다. 그의 훈련 영상을 보면 질주에 너무 애쓰다 보니 자세가 많이 흐트

러짐을 알 수 있다. 훈련법도 부족하고 운동생리학에 대한 개념도 없던 시기에 누구도 흉내 낼 수 없는 독보적인 의지와 인내심의 소유자인 자토펙이기에 가능했던 훈련법이라 생각한다.

# 트레일 러닝(Trail Running)

나는 트레일 러닝의 전문가는 아니기에 마라톤에 도움이 되는 관점에서 간단히 소개코자 한다. 트레일 러닝은 대회도 많고 코스도 다양한 그 자체가 하나의 거대한 전문 종목이고 어설프게 다룰 수 있는 영역이 아니기에 마라톤 준비 과정의 크로스 트레이닝 차원으로 접근하겠다.

우리 신체는 수없이 많은 크고 작은 관절과 근육, 힘줄, 인대 등이 유기적으로 결합된 정밀한 기계와 같은 시스템이기에 일부분만 단련해서는 완벽하게 작동하지 않을 수 있고, 강화된 부분과 그렇지 않은 부분의 불일치로 부상이 발생하거나 심지어 파열될 수도 있다. 산악이나 오프로드 달리기는 도로나 트랙에서 일정한 러닝만을 반복해서는 단련하기 어려운 발바닥, 발목, 엉덩이 등의 미세한 근육과 인대에 자극을 주고, 다양한 관절의 가동영역을 확장시켜 주는 등 도로나 트랙 러닝과는 다른 스트레스를 신체에 가하게 되고 강화시켜 주는 장점이 있다.

나는 고질적으로 발목이 약한 편이라 트레일 런을 하면 약한 부위를 명확하게 인지할 수 있을 정도로 스트레스가 가해짐을 느낄 수 있었다. 반면, 그렇기 때문에 새로운 부상을 일으키거나 기존의 부상을 더 악화시킬 수도 있어 일반적인 러닝화보다 훨씬 지면 접지력이 좋고, 바닥과 갑피가 흔들리지 않으며, 불규칙한 각도에서 신발과 발이 따로 움직이지 않도록 안정적인 소재와 기술이 적용된 트레일 러닝 전용 러닝화를 착용해야 한다.

트레일 러닝 대회를 참가해 보면 많은 러너들이 오르막에서 걷고 평지와 내리막에서 시간을 벌기 위해 그야말로 미친 듯이 달리는 것을 자주 보았다. 그런 식의 레이스 운영이나 훈련은 트레일 러닝이 추구하는 자연과의 일체나 교감과도 전혀 부합되지 않는 방법일 것이라 생각한다. 기본적으로 예측하기 어려운 노면 상태인 오프로드를 질주하는 것은 순식간에 심각한 부상을 만들 수 있다. 작은 돌이나 나뭇조각을 밟고 미끄러지거나 접질릴 수도 있고, 자칫 넘어질 수도 있다. 그렇게 넘어지거나 굴러서 쇄골이나 다리 골절 등 큰 부상을 입는 러너를 심심찮게 보았다.

내가 권장하는 트레일 러닝 방식은 오르막을 힘 있게 달려서 심폐와 근력을 강화시켜 주고, 평지와 내리막은 안전하게 천천히 달리거나 걸으면서 자연환경을 즐기고 노면 상태에 집중하며 회복하는 것이다. 오르막을 오르는 것 자체가 평소보다 관절과 근육의 가동영역과 파워를 확장시켜 주는데 달리기로 오르면 걸어 오르는 것보다 훨씬 강력한 트레이닝 효과가 있다. 세계적인 엘리트 선수들이 크로스컨트리를 마라톤 대회 준비를 위한 메인 훈련에 포함시키는 것은 모두 이유가 있는 것이다. 잘 수행된 트레일 러닝 1회는 파틀렉 훈련이나 인터벌 훈련과 유사하면서도 그것으로 대체할 수 없는 효과까지 안겨준다. 30년이 넘게 깨지지 않고 있는 마라톤 한국 신

기록의 보유자 이봉주 선수는 현역 시절 상대적으로 부족한 스피드
를 보강하기 위해 트레일 러닝을 많이 했다고 한다.

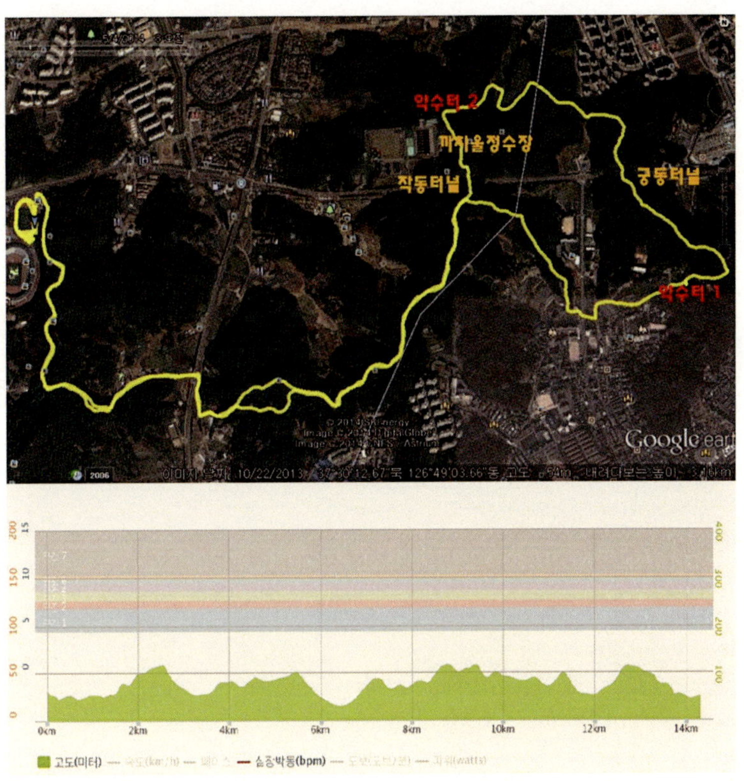


코스 선택도 대단히 중요하다. 지나치게 가파르거나 길게 오르
는 오르막은 현실적으로 등산의 대상이지 달리기의 장소로는 부
적합하다. 수십에서 수백 미터 길이의 작은 언덕과 내리막이 불규
칙하게 반복되는 코스가 가장 적합하다. 중간에 급수를 해결할 수
있는 약수터가 있다면 좋지만 없다면 음료를 반드시 챙겨야 한다.

코스 길이는 5~15㎞ 정도로 1시간에서 2시간까지 완주할 수 있는 코스를 선택해서 지루하지 않으면서 너무 힘들지 않은 수준에서 마치는 것을 권장한다. 아래의 예시 코스는 부천종합운동장에서 출발하여 서울 수궁동을 순환하는 코스로 하단 고저도를 보면 완만하게 오르락내리락하여 인근 러너들에겐 최적의 트레일런 코스이다.

## 트레드밀 달리기

일부 선택받은 나라를 제외하고는 어느 곳이나 날씨로 인해 달리기를 할 수 없는 때가 있고, 개인적인 상황이 야외에서 달리는 것이 어려운 경우도 있다. 그럴 때 좋은 대안이 트레드밀 달리기로, 달리기 전반에 대한 보충적인 효과가 있다. 나는 러닝클래스 참여 시 야외에서 달리기 전에 트레드밀에서 러닝 자세를 점검한다. 다양한 각도와 속도에서 차분하게 확인할 수 있고, 러너 본인도 거울과 영상을 통해 자신의 자세에 집중할 수 있다. 자세 교정 시 가장 필요한 것이 자신의 문제점과 교정된 모습을 확인해야 하는데 누군가 영상을 촬영해 주지 않는 한 트레드밀보다 좋은 방법이 없다.

트레이닝 측면에서 트레드밀을 활용하면 천천히 달리기부터 페이스런, 인터벌 훈련이나 경사도 조절을 통해 언덕 훈련까지 다양하게 수행할 수 있다. 다만 높은 경사도에서의 트레드밀 러닝은 족저근막염 등 부상의 위험이 높으니 주의할 필요가 있다. 또한 무의식적으로 아무 신발이나 신고 달리기 쉬운데, 트레드밀은 단단한 기계여서 도로나 트랙보다 러닝 충격이 크기 때문에 쿠션이 좋은 편안한 러닝화를 신을 것을 권장한다. 일반 운동화와 쿠션화를 모두 가지고 가서 비교 러닝을 해 보면 무슨 뜻인지 쉽게 이해가 될 것이다.

내가 트레드밀에서 주로 활용하는 훈련 프로그램은 60분 천천히 달리기와 1,000m 인터벌 훈련이다. 12㎞/h 속도로 TV나 음악을 커놓고 1시간 러닝은 페이스 조절에 대한 염려 없이 천천히 달리기를 즐기기에 부담이 없고 훈련 효과도 좋다. 한편 날씨 등으로 야외에서 인터벌 훈련이 곤란할 때 15~16㎞/h 속도로 1,000m 인터벌을 5~7세트 실시하거나, 2,000m~ 5,000m까지 그날의 컨디션에 맞추어 역치 달리기를 하기도 하는데, 이 방법도 훈련 효과가 좋고 만족도가 높다. 자신에게 맞는 훈련 패턴을 찾아보길 바란다.

실내 달리기는 야외 러닝이 주는 신선한 공기와 바람의 효과가 없어서 훨씬 지루하고 더 힘들게 느껴지며, 많은 땀을 흘리게 되므로 지나치게 거리를 늘려 인내심을 발휘하기보다 최대한 시원하고 통풍이 잘되는 환경에서 1시간 내외의 집중적인 훈련을 권장한다. 트레드밀 러닝의 최대 장점인 자세 확인이 가능토록 거울이 있는 장소에서 실시하면 금상첨화가 될 것이다.

## 철인 3종 경기의 달리기

    종목에 대해 간단히 소개하고 달리기 이야기를 이어가고자 한다. 철인 3종(Triathlon)은 수영, 싸이클, 달리기를 연이어서 경기하고 합산 기록으로 순위 경쟁을 하는 종목이다.

    '올림픽 코스'는 수영 1.5㎞, 싸이클 40㎞, 달리기 10㎞로 수영을 할 줄 안다면 어렵지 않게 도전할 수 있다. 국제트라이애슬론연맹(ITU)이 주관하는 올림픽 정식 종목이 이 코스로 이루어지기에 올림픽 코스가 되었고, 엘리트 선수들에겐 그 절반인 스프린트 코스와 혼성릴레이도 있다.

    마라톤에 하프마라톤 대회가 있는 것처럼 철인 3종도 '하프코스'가 있다. 1978년 하와이에서 최초의 철인 3종 대회가 개최되고 완주자에게 아이언맨(Ironman)이라는 칭호를 부여하며 유래한 아이언맨(IRONMAN) 브랜드의 하프코스 명칭은 'IRONMAN 70.3'이다. 세 종목을 합해서 70.3마일의 거리라는 의미이다. 수영 2㎞, 싸이클 90㎞, 달리기 21㎞를 연이어서 경기한다.

    '아이언맨 코스(킹코스로도 불린다)'는 수영 3.8㎞, 싸이클 180㎞, 마라톤 42.195㎞를 제한 시간 17시간 이내에 마쳐야 '철인(IRONMAN)'으로 인정된다. 우리말 철인 3종이라는 종목 명칭은 아이언맨 코스 때문에 명명이 되었음을 추정할 수 있다. 전 세계적으로 아이언맨 시리즈 외에도 챌린지(Challenge) 시리즈, T100 등 다양한 회사나 단체들이 주관하는 시리즈가 개최되고 있고 대회 거리도 다양하게 변형이 가능하다. 철인 3종의 변형 대회로 수영 대신 달리기를 먼저 하고 싸이클 후 다시 달리기를 하는 '듀애슬론(Duathlon)'도 있고, 수영과 달리기가 합쳐진 '아쿠아슬론(Aquathlon)'도 있다.

철인 3종 경기의 수영 모습

종목별로 조금 더 들어가 보면, 첫 번째 경기인 수영은 강, 바다, 호수 등 오픈워터에서 하게 되는데, 안전과 수온 문제 때문에 보통 웻슈트(Wetsuit)라고 하는 얇은 잠수복을 입어야 한다. 웻슈트를 입으면 약간의 부력이 있어 공포심을 덜 수 있다. 수온이 높은 여름이나 더운 지방에서 할 경우 웻슈트 대신 스킨슈트라고 하는 전신 수영복과 유사한 제품을 착용하거나 아예 상의를 탈의하는 경우도 있다. 모든 것은 규정에 따라 레이스디렉터가 결정한다.

위 그림에 보면 오픈워터에서는 실내 수영장처럼 바닥을 보고 갈 수 없기에 부표를 띄워놓고 그것을 반환 또는 회전토록 한다. 수영 중 엉뚱한 곳으로 가지 않도록 중간중간 고개를 들어 전방을 확인하여야 하기 때문에 체력소모가 풀(Pool) 수영보다 월등히 크다. 경험해 보지 않은 이들은 세 종목 중 수영이 제일 힘들 것이라 짐작하는데, 철인 3종에서 수영은 싸이클 전 워밍업을 약간 초과하는 정도로 보는 것이 적당하다. 시간상으로도 전체 경기의 15% 내외에서 마치게 된다. 아이언맨 코스의 경우 3.8㎞ 수영을 프로선수들은 50분 내외로 마치고 동호인(Age group)은 1시간에서 최대 2시간까지 소요된다. 종목별로도 제한 시간이 있어서 싸이클을 시작도 못 하고 경기를 포기해야 할 수도 있다.

철인 3종 경기의 바꿈터 모습

수영을 마치면 바꿈터에 들어와서 웻슈트를 벗고 헬멧과 싸이클화를 착용하고 싸이클 경기를 시작하게 된다. 바꿈터의 시간도 경기시간에 포함되기 때문에 정신없이 통과해야 한다. 일반 싸이클 경기에서는 앞 라이더의 뒤에 최대한 가까이 붙어 공기저항을 최대 40%까지 줄이고 에너지를 절약할 수 있는 '드래프팅'이 허용되기에 그룹으로 라이딩하며 서로 돕기도 하고 쉬어 갈 수도 있지만 철인 3종 싸이클 경기는 원칙적으로 드래프팅이 금지되어 있기에 철저히 독주로 해야 하며 이를 위반하면 페널티 시간이 주어진다. 다만, 엘리트 선수들의 올림픽 코스는 현실적으로 드래프팅을 단속할 경우 경기 진행이 곤란하고 단속 자체도 쉽지 않아 허용하고 동호인의 경우는 안전을 위해 올림픽 코스도 드래프팅을 금지한다.

장거리 철인 3종 경기의 싸이클 라이딩 모습

독주를 위해 위 그림처럼 독주(Time Trial) 전용 싸이클 또는 로드싸이클에 에어로바를 장착하고 공기저항을 줄여주는 자세로 드래프팅 효과가 없는 일정한 거리를 두고 라이딩해야 한다. 추월할 때는 정해진 시간 내(25초)에 드래프팅 존(12m)을 벗어나야 한다. 아이언맨 코스의 경우 180km를 라이딩해야 하는데 서울에서 출발해서 대전을 지나서도 한참 더 내려가야 할 정도의 엄청난 거리이고 시간도 오래 걸리기에 동호인들은 중간지점에 설치된 스페셜푸드 존에 본인이 준비한 음식을 보관하고 먹을 수 있다. 물론 그곳을 들르지 않고 주머니에 넣어 둔 에너지젤 등으로 해결해도 된다. 엘리트 선수들은 4시간 30분 이내의 평속 40km/h 이상 수준으로 경기가 이루어지고, 동호인들은 4시간 30분에서 8시간까지 실력 차이가 크다.

싸이클을 마치면 다시 바꿈터에서 러닝화로 갈아 신고 마라톤을 시작한다. 철인 3종의 승부를 결정짓는 종목이 무엇일까? 싸이클과 달리기가 모두 중요하지만 결과에 영향을 가장 크게 미치는 것은 마라톤이다. 철인 3종 경기의 마라톤을 잘 하기 위해서는 달리기 실력과 함께 싸이클에서의 페이스 조절이 매우 중요하다. 싸이클에서 무리하게 되면 다리가 무거워지고 근전환이 지연되어 마라톤에서 제 기량을 발휘할 수가 없다. 프로선수들은 2시간 40분 내외, 동호인은 상위권도 3시간 이내 마치기가 어렵다. 싸이클후의 달리기는 달리기만 하는 것과 비교하여 마라톤 기준 프로 선수는 15~30분 내외, 동호인은 30분에서 1시간 이상 추가해야 할 정도로 훨씬 어려운 달리기이다.

싸이클과 달리기가 모두 다리를 주 근육으로 사용하는 종목이지만 핵심 근육과 운동 메커니즘이 다르기 때문에 싸이클 후 빠르게 정상적인 달리기가 가능해지도록 '근전환'이라는 과정을 거치게 되고 평소 그에 대한 훈련이 충분히 되어 있어야 한다. 근전환 훈련을 위해서는 싸이클과 달리기를 번갈아서 수행하는 인터벌 훈련이 가장 효과적이다. 예를 들어 5㎞ 싸이클 + 3㎞ 달리기를 역치 페이스로 번갈아 수행하는 식이다.

기본적으로 훈련이 중요하지만 레이스 전략이 더 중요하다. 아무리 훈련이 잘되어 있어도 싸이클에서 오버페이스할 경우 그날은 100% 망하는 날이다. 결국 자신의 싸이클과 달리기 실력을 정확히 인지하고 그에 맞는 레이스 운영을 해야 한다. 경험적으로 싸이클에서는 최선을 다하지 않고 최대치의 90~95% 수준의 기량만 발휘해야 달리기에서 계획된 페이스를 유지할 수 있다. 싸이클 기록 몇 분을 단축하려다가 달리기에서 30분, 1시간씩 까먹는 것이 철인 3종이다.

문제는 오버페이스인지 아닌지 달리기 중반쯤에야 인지할 수 있다는 것이다. 경험적으로 마라톤만 했을 경우 30㎞ 이후에 승부처가 오지만, 싸이클에서 오버한 후 달리기는 10~20㎞ 사이에 고비가 찾아온다. 남은 거리가 길기에 그 시점에 페이스가 떨어지면 그날 경기는 끝난 것이나 다름없다. 프로 선수들도 수도 없이 페이스 조절에 실패할 수 있는 종목이 철인 3종의 달리기이다.

나는 부상 우려로 달리기 훈련량을 마음껏 늘릴 수 없었기에 싸이클이 훌륭한 대체 운동이 되었다. 내가 다른 러너들보다 훨씬 적은 훈련량으로 비슷한 기록을 낼 수 있었던 건 최대한 효율을 추구한 영향도 크지만, 싸이클 훈련이 부족한 달리기 훈련량을 대체해 준 덕분임을 부정할 수 없다.

한편, 수영은 하체 중심의 싸이클이나 달리기와 달리 주된 근육으로 상체를 사용하고 신체 밸런스 및 심폐지구력을 좋게 해주어 철인 3종은 우리가 몸을 단련하고 관리하는 데 있어 더할 나위 없는 궁극의 스포츠라고 할 수 있다. 러너라면 이미 한 종목은 해결되었으니 도전해 보기를 권장한다.

# 세월 앞에 장사 없다: 50대 이후의 달리기

우리 몸의 근육은 20대까지 성장한 후 30대 중반부터 근육량 감소와 기초 대사율 저하가 시작되고, 40대부터 본격적으로 감소되어 60대에는 20대의 70%, 80대에는 50%까지 감소한다. 다르게 표현하면 20대까지는 운동을 적극적으로 하지 않아도 근육이 만들어지기에 운동을 열심히 한다면 폭발적으로 성장한다는 의미가 되고, 30대 이후부터는 운동을 하지 않으면 서서히 근육이 줄어든다는 것이다. 운동을 통해서 이를 어느 정도 지연시킬 수는 있어도 거스를 수 없다는 것은 자연의 섭리이고 인간의 숙명이다.

엘리트 선수를 기준으로 30대 중반이 넘으면 마라톤에서는 환갑이라고 표현하는 것을 많이 들어보았을 것이다. 철저한 관리로 그 이후에도 최고 수준에 머물렀던 이봉주 선수나 엘리우드 킵초게(Eliud Kipchoge)는 그래서 존경을 받는다. 그들도 40대 이후에는 평범한 인간으로 돌아가게 마련이다. 엘리트 선수들도 내가 말하는 진정한 러너(The Runner)가 되어 은퇴 이후에도 달리기와 함께 하는 인생을 즐긴다면 좋을 것 같다.

내가 자세와 효율을 강조하면 어떤 이들은 엘리트 선수들을 보면 꼭 그렇지만도 않다고, 자세가 좀 이상해도 잘 뛰는 선수가 있고, 스텝수가 내가 말하는 표준을 월등히 초과하는 선수도 있다고 말한다. 그에 대한 답이 위에 있다. 신체가 왕성하게 성장하는 10

대 후반에 적극적으로 운동을 하게 되면 다소 비효율적인 면이 있어도 절대적으로 많은 운동량과 성장하는 신체가 만나 좋은 기록을 만들 수 있다. 그들이 좋은 자세를 완성하고 효율성 있는 트레이닝을 했다면 훨씬 발전된 모습을 보이고 있을 것이라 확신하는 이유이기도 하다. 신체가 유연한 나이에 최적의 보폭과 자세, 습관을 형성하는 것은 평생 동안 달리기 자세와 효율을 결정하는 핵심 요소가 된다.

30대 후반에야 마라톤을 준비한 나는 꾸준한 운동으로 40대 중반까지 계속해서 신체 능력과 기록이 좋아졌기에 노화에 대한 감각이 전혀 없었다. 뚜렷한 노화의 신호가 없었기에 왠지 계속 더 좋아질 것만 같았다. 어리석게도 한 치 앞도 내다보지 못한 것이다. 이 장에서는 나의 경험을 사례로 하여 노화에 대처하는 달리기 이야기를 하고자 한다. 50대 이후 러너들에겐 향후 수십 년간 삶의 질을 좌우할지도 모를 중대한 이야기이다.

인생은 50세부터라고 하는 말도 있지만 운동에 있어서는 전혀 반갑지 않다. 만 50세를 기점으로 그 이전에는 운동 파워가 유지되었기에 열심히 하면 더 잘하고 좋아질 수 있다는 자신감이 있었다. 그것이 정점이었음을 몸으로 느끼다 보니 앞으로 또 얼마나 많이, 빠르게 약해질지 걱정이 되기도 한다. 분명한 것은 내 의지와 관계없이 노화는 진행될 것이고 과거의 근력을 유지하는 것은 불가능하다는 점과 그에 맞게 운동을 해야 한다는 것이다. 근육과 심폐 능

력이 약해지는 속도를 최대한 늦추어서 좋아하는 달리기를 조금이
라도 더 오래도록 즐기기 위해서는 지금 어떻게 운동해야 할지에
대해 고민하지 않을 수 없다. 과거엔 기록을 단축하고 성장하기 위
하여 한계까지 밀어붙이는 노력이었다면, 이제는 조금이라도 더 건
강하게 오래도록 달리기를 즐기기 위한 정교한 조절과 통제의 과정
이 요구된다.

나는 신체 변화와 반응에 상당히 예민한 편이라 싸이클 페달
을 돌리고 달리기를 하면서 다리와 몸에 오는 느낌을 모두 기억하
고 있고 그것을 잘 활용하는 것이 나만의 노하우로 지구력 스포츠
를 재미나게 하는 큰 즐거움이었다. 어느 날부터 그 느낌이 달라짐
을 절감하고 있다. 페이스를 올리는 것과 유지하는 것이 어려워지
고 파워가 올라와야 할 구간에서 애를 써도 힘이 나지 않고 근육과
심장, 호흡에 전해지는 느낌이 영 어색하다. 처음에는 피로가 덜 풀
렸거나 워밍업이 충분치 않았던 걸로 생각하고 애써 무시해왔는데,
이제 인정할 수밖에 없다고 생각한다. 노화 진행으로 근육의 유연
성은 떨어지고 파워는 줄어들고 심장 박동수, 폐와 혈액의 산소도
감소한다. 이전보다 몸이 점점 약해지고 운동능력이 떨어지고 있는
것이다.

개인 사정으로 운동을 할 여건이 되지 않은데다가 온 가족이
코로나19로 고생하고 극복하는 과정을 두 번이나 겪게 되면서 한
번도 경험해 보지 못했던 극심한 육체적, 정신적 스트레스와 운동

공백이 있었는데 그 시기가 지나면서 전후 격차를 몸이 생생하게 느끼기 시작하게 되었다. 만약 계속 운동하는 상황이었다면 급격한 차이 없이 서서히 약해졌을 거라 무시하고 과거처럼 운동하면서 몸이 더 상한 후에야 알게 되었을지도 모른다. 우리에겐 자신도 모르게 습관이 되어 버린 운동 방식이나 패턴이 있는데, 그중 몇 가지는 즉시 개선하고 버려야 할 수도 있다.

달리기 기록을 올리기 위한 방법이 아닌 더 오래 재미나게 즐기기 위한 몸 관리에 관한 이야기이지만, 궁극적으로 자신의 나이에 가장 적합한 수준과 방식으로 실행하는 달리기가 그 시점(나이)에 가장 좋은 기록을 내는 데에도 기여할 것이라 믿는다.

① 기록, 시간, 거리의 늪에서 벗어나자(양보다 질)

우리는 자신이 나이를 먹고 있음을 잊어버리고 습관적으로 운동을 열심히 해서 몸이 올라오면 과거 개인 최고기록(Personal Best)과 비교하고, 그 것을 경신하려고 하는 경향이 있다. 그러기 위해 더 열심히 자신을 한계까지 밀어붙이곤 하는데 경험적으로 40대까지는 그래도 되지만 50대 이후부터는 그러면 자칫 더 빨리 신체의 노화를 촉진하고 기력을 잃어버릴 수도 있다.

40대까지는 아무리 힘들게 운동해도 회복후에 이전보다 더 강해짐을 느낄 수 있는 반면, 50대 이후에는 너무 열심히 진이 빠지도록 운동하면 노화를 촉진하여 이전보다 더 약해진다. 문제는 그 경계가 개인별로 다르기 때문에 스스로 조절하고 통제해야 한다. 50대 이후의 운동은 근육을 더 강하게 하는 것이 목적이 아니고, 적당한 사용과 자극으로 노화의 속도를 늦추고 최대한 활력을 유지하는 게 더 중요함을 잊지 말아야 한다.

간단하게 40대와 50대를 경계선으로 구분했는데, 더 개인별로 세분화하자면 '갱년기' 전과 후로 나누는 것이 더 정확할 수 있다. 평균적으로 40대 후반에서 50대 전반에 갱년기를 거친다고 하는데, 우선 여기서 젊은 러너들을 위한 중요한 시사점을 알려주고 싶다. 자신이 운 좋게도 남들보다 일찍 20~30대에 달리기를 시작했다면 한 살이라도 젊을 때, 몸이 찰지게 받아줄 때, 최대한 파워와 지구력 등 신체 능력을 성장시켜 두면 자신에게 주는 일생 가장 큰 선물이 될 것이다.

50대 이후의 운동 시 추천하고 싶은 방식은, 기록 단축하려 너무 애쓰지 말고 몸이 받아주고 좋아하는 만큼, 예를 들어 거리, 강도, 시간 등 최대치의 평균 85% 수준을 가급적 넘지 말 것을 권장한다. +- 5% 정도는 개인차가 존재할 것이다. 최대치로 권장하는 건 그보다 훨씬 많이 거리와 시간을 줄여도 좋다는 의미를 포함하며 60대 이후라면 또다시 일정 수준의 할인이 필요할 것이다.

나이가 들면서 퍼포먼스가 줄어드는 건 당연한데, 자연스럽게 받아들이는 대신 거리와 시간을 더 늘리는 걸로 보충하는 경우를 주변에서 많이 본다. 누구나 생각이나 기준이 다를 수 있으며 우리 모두는 각자의 관점과 사정이 있을 것이다. 스스로의 선택을 존중해야 하기에 무어라 할 수는 없지만 이 책의 취지와 반대인 노화를 촉진하는 길로 가고 있는 것일 수 있다.

한편, 대회는 우리가 운동을 즐기는 중요한 동기부여 수단으로 어떤 대회를 준비하느냐에 따라 운동량이 달라진다. 때론 그것에 얽매여 무리하다가 부상을 입거나 피로누적에 빠지기도 한다. 50대 이후라면 마라톤내회 참가 횟수를 최소화하고 대신 하프마라톤대회나 10㎞ 대회 활용을 권장한다. 제일 좋은 것은 대회를 목적으로 운동하지 말고 대회도 운동을 즐기는 과정의 일부로 활용하는 것이다. 대회를 준비하려 운동하는 것이 아니라 운동을 꾸준히 하는 과정에서 대회가 있으니 나가서 신나게 즐기는 것이다. 노화와 관계없이도 나는 늘 이와 같이 주장 해 왔다. 거리와 시간을 줄여 생기는 시간적, 체력적인 여유를 질적으로 보다 재미있고 만족도 높은 달리기를 함으로써 채워나가면 좋을 것이다.

내가 생각하는 질적으로 좋은 운동이라 함은 강약이 잘 조절되어 느낌이 살아있는 달리기를 말한다. 예를 들면, 늘 똑같은 코스에서 똑 같은 페이스로 똑 같은 거리를 달리는 것이 아니라 일주일에 한 번은 5㎞ 또는 10㎞를 레이스 페이스로 달리거나 언덕 달리기 또는 가속주, 리피티션 등을 하는 것이다. 엘리트 선수나 젊은 러너와 크게 다르지 않게 말이다. 다만 주의할 점은 40대 이전처럼 너무 길게 너무 열심히 하면 안 된다. 페이스런은 마지막까지 힘이 남아있도록 대회 페이스보다 살짝 느리게 여유를 두고, 업힐이나 리피티션도 7세트 이하로 지치기 전에 마치는 게 중요하다. 또한 잦은 고강도 훈련은 부상 및 노화 촉진으로 가는 또 다른 길이 될 수 있다. 운동량의 절반 이상은 힘들지 않은 천천히 달리기로 채워져야 한다.

어른들 말씀에 "앓고 나면 늙는다"고 하는데, 이 말을 질병으로 국한하지 않고 확장 적용해야 한다고 생각한다. 경험적으로 마라톤 완주는 준비과정을 포함하여 한바탕 앓고 난 것만큼 우리 신체에 스트레스로 인한 파괴와 피로를 남긴다. 마라톤 완주 직후 평균적으로 10%이상의 근섬유 조직이 손상되며, 손상된 세포가 제거되는데 만 1개월가량 소요되고, 재생 및 완전회복에는 완주후 2~3개월이 걸린다고 한다. 젊은 러너가 2~3개월이라면, 50대 이후엔 그보다 더 긴 회복시간이 필요할 것이다. 급한 마음에, 또 습관적으로 회복이 완전히 이루어지지 않은 상태에서 무리한 운동을 계속하면 피로누적 상태에서의 과사용으로 결국 근육에 영원한 상처를 남긴다. 나이를 불문하고 어떤 경우에서건 너무 잦은 마라톤대회 출전은 스스로 몸을 파괴하는 행위로 회복 불가능한 타격을 줄 수 있다.

결국, 50대 이후에는 마라톤을 한 번 준비하고 완주할 때마다 그만큼 노화를 앞당기는 원인이 될 수도 있으니 너무 최선을 다하지는 말자. 마라톤과 달리기를 사랑하는 1인으로서 이렇게 이야기할 수밖에 없어 안타깝고 세월이 야속하기도 하다. "대회를 나가지 말라는 거냐?"라고, 불만에 가득 찬 시선과 반발이 눈에 선하다. 마라톤 대회는 준비과정부터 완주 및 회복까지, 젊을 때 보다 훨씬 정교하게 조절하고 통제해서 즐기라는 의미로 이해해 주기 바란다.

한편으로는, 이런 검토를 통해 러너는 마라톤을 매년 완주해야 한다는 고정관념에서 벗어날 필요도 있다고 생각한다. 5km 또는 10km 레이스는 스피드와 다이내믹한 재미를 주고 하프마라톤은 스피드와 엔듀런스가 잘 조화되어 있어서 마라톤에 비해 훨씬 신체 부담이 적지만 결코 운동량이 적은 종목이 아니다. 늘 하던 대로, 관성에 따라서 움직이지 말고 한 번쯤은 "나는 왜 달리기를 하는가?"에 대해 스스로 명쾌하게 답을 제시해 볼 필요가 있다.

② 근력운동도 필수다

달리기, 싸이클 등 유산소 스포츠를 즐기기 위해 근력운동보다 본 운동이 훨씬 효과적이라는 것은 나의 오래된 소신으로 지금도 변함이 없다. 여전히 40대 이전 선수에겐 부상회복 과정 등 특별한 사유가 아닌 한 별도의 근력운동을 권하지 않는다. 그 시간에 달리기를 다양하게 더 열심히 하라고 말한다.

그러나 50대 이후는 다르다. 근육이 내가 운동하는 것보다 빠르게 도망가고 있기 때문에 적절한 근력 보강 운동을 하지 않고 지구력 운동만 하게 되면 기력을 잃게 되어, 오늘의 페이스와 느낌이 다음 달에는 지속되지 못할 수 있다. 또한 적절한 근력강화는 부상 예방에도 매우 효과적이다. 근력운동이라면 헬스장에서 무거운 기구를 가지고 하는 것을 먼저 생각하게 되는데, 지구력운동을 메인으로 하는 우리들에게는 스쾃트, 런지, 플랭크, 푸쉬업, 턱걸이, 튜빙, 등산 등등, 맨몸으로 할 수 있는 운동으로 충분히 커버할 수 있으며 기구를 이용한다면 중량을 늘리려 애쓰지 말고 횟수를 늘려주기 바란다.

달리기 자체에서도 근력운동에 준하는 달리기가 있다. 바로 트레일 러닝과 리피티션 트레이닝이다. 나이가 들수록 힘들어지니 이런 운동을 멀리하는 경향이 생길 수밖에 없는데 오히려 더 적극적으로 임할 것을 권장한다.

③ 적절한 체중을 유지하자

아무리 발버둥쳐도 파워가 줄어드는 것을 막을 방법은 없다. 그나마 다행스럽게도 달리기는 중력에 도전하는 스포츠로 체중이 큰 영향을 미친다. 나이가 들수록 내장지방도 빠르게 자리를 차지하려는 경향이 있어서 체중유지도 결코 쉬운 것은 아니지만 그래도 이 녀석은 어느 정도 통제가 가능하다. 기력과 느낌이라는 측면이 있어서 정확히 일치하지는 않지만, 이론적으로는 파워가 감소하는 만큼 체중이 감소하면 비슷한 수준을 유지할 수 있게 된다. 파워를 올리려 무리하기보다 파워를 최대한 붙들어두고 적정 체중을 유지하는 데 더 많은 노력을 기울여야 하는 이유이다.

④ 충분한 워밍업을 하자

운동을 하는 데 있어서 젊다는 것은 참으로 큰 이점이다. 몸이 풀리지 않은 상태에서 고강도 운동에 들어가도 금방 근육과 심장, 폐가 제자리를 찾고 지속할 수 있도록 만들어준다. 그렇다고 과신하고 남용하라는 것은 아니다. 그러나 50대 이후라면 워밍업을 충분히 하지 않고 페이스를 올리면 근육은 피로를 호소하고, 심박과 호흡은 따라오지 못하기 때문에 운동의 재미를 느끼기 전에 너무 힘들어서 멈출 수밖에 없다. 30분 이상 충분히 워밍업 시간을 가지고 몸이 대비할 시간을 주어야 즐겁고 느낌 있게 운동을 할 수 있다.

나는 몸이 준비가 될 때까지 30~40분간 서서히 페이스를 올려 마지막 20~30분을 레이스 페이스로 달리는 가속주를 즐기는데 아쉬운 대로 예전 느낌을 조금이나마 느낄 수 있어서 좋다. 앞서 가속 달리기 편에서 언급한 역치 달리기까지 가지 못해도 된다. 목표가 다르면 과정도 달라지는 것이 타당하다. 이 가속주의 목적은 기록 향상보다는 달리기의 다이내믹함과 활력을 느끼는 것이다.

⑤ 최종적으로, 조급함과 경쟁심을 버리고 마음의 여유를 갖자

특별히 아픈 곳도 없고, 꾸준히 운동을 지속하는데도 점점 약해지는 몸을 매일 느끼는 것은 전혀 유쾌한 일이 아니다. 스포츠는 기본적으로 경쟁에 기반을 둔 활동이어서 경쟁에서 뒤처지는 것과 힘 있게 치고 나가는 운동 느낌이 사라지는 것을 받아들이기가 참으로 힘들 때가 있다. 그러나 순리를 거역하고 운동량과 거리를 늘려 보충하려 하거나 강도를 세게 할수록 몸은 정반대로 반응할 것이라는 점을 절대 잊지 말아야 한다. 한편, 남성호르몬, 근육강화제 등 인공적인 것에 대한 유혹이 생길수도 있는데 그 또한 훨씬 큰 부작용과 대가를 치르게 될 것임은 수많은 엘리트 선수들의 사례가 증명해 주고 있다.

> "Carpe diem. Seize the day, boys, make your lives extraordinary!"
> "오늘 현재를 잡아라. 소년들아, 너의 삶을 특별한 것으로 만들어라!"

젊은 시절 보았던 영화 '죽은 시인의 사회'에서 로빈 윌리엄스가 열연한 키팅 선생님이 제자들에게 외친 이 말은 나에게 큰 울림을 주었고 이후 내 삶의 모토가 되었다. 영화에서는 소년들에게 전한 말이지만, 나를 포함 현재 50대 이후 러너에게도 같은 말을 다시 해 주고 싶다. 지금이 앞으로의 인생에서 가장 젊을 때이니 늙는 것을

걱정하거나 막으려 할 것이 아니라 지금 이 순간 건강하게 운동할 수 있음에 감사하며 즐기는 것이 행복이라 믿는다. 나이가 들어도 당신은 러너(The Runner)이다.



당신은 러너(The Runner)이다.

# 달리기 부상의
# 예방과 대응

Knee Leading
Fore-Mid Foot Landing
Standard Steps

## 달리기 부상을 대하는 마음가짐

운 좋게도 부상을 심하게 겪어보지 않은 러너라면 무쇠 같은 몸을 물려주신 부모님께 감사드리고, 아직 나에게 부상이 오지 않았을 뿐 러너에게 부상은 내일이라도 찾아올 수 있음을 경계하기 바란다. 내가 경험하고 코칭 과정에서 만난 수많은 사례를 살펴보았을 때 '러너에게 부상은 떼려야 뗄 수 없는 평생 파트너'이기에 좋은 자세를 유지하고 운동량과 강도를 내 몸에 맞게 적당히 조절해서 다독이며 함께 다녀야 한다고 본다. 러너가 마라톤을 완주하기 위해 들이는 시간과 노력에 비하면 부상 예방 및 회복에 필요한 인내는 비교할 바가 아니다. 부상의 신호가 있으면 잠시 쉬어가라는 의미로 받아들이고 한숨 돌리며 주변을 살피는 여유를 갖기를 바란다.

　달리기 부상에 대처하는 가장 좋은 방법은 부상이 오지 않도록 예방하는 것이다. 달리기 부상의 주원인은 자신의 몸 상태를 초과하는 과훈련에 있음은 수차 언급한 바 있다. 그래서 부상 예방의 첫 걸음은 자신을 정확히 파악하고 기록이나 거리에 대한 지나친 욕심을 버리는 것이다. 그 다음은 어떤 부분을 고치고 조절하면 부상을 줄일 수 있는지 스스로의 경험치로 찾아내고 대응하는 것이 러너의 숙명이다. 정기적으로 대회에 출전하고 달리기를 지속하는 한 크고 작은 부상이 없을 수는 없다.

　구체적으로 ① 부상을 예방할 수 있는 러닝화를 선택하고, ② 부상을 예방하고 초기에 대응할 수 있도록 천천히 달리기를 전체 러닝의 50~80%로 유지하고, ③ 갑작스러운 거리 늘리기, 워밍업 소홀히 하기, 지나치게 강한 트레이닝 등 부상의 원인이 될 수 있는 무리한 러닝을 사전 차단하고, ④ 컨디션이 좋지 않은 날은 계획했던 훈련을 중지하거나 포기하고 쉬는 것이다.

　달리기 초보 시절 나는 천천히 달리기에 무관심하고 몸이 풀리면 속도를 올리고 유지가 가능한 만큼 거리를 늘렸다. 그저 더 빨리 달리고 싶은 마음에 무작정 속도를 올렸고 가벼운 러닝화를 찾았다. 지금은 쿠션이 부족한 가볍기만 한 러닝화를 신고, 항상 빨리 달리면 부상이 올 가능성이 높다는 걸 알지만 그때는 몸이 좀 올라오는 듯하면 어김없이 부상이 오는데 그 정확한 이유를 알 수 없어서 많이 답답했고 결국 운동량을 조절하는 수밖에 없었다. 지금도

소소한 부상 신호가 오지만 잘 데리고 다닌다. 다음의 부상에 대해
서는 숙지하고 예방 및 신속 대응토록 하자.

# 족저근막염

족저근막은 발바닥의 근육을 싸고 있는 섬유조직으로 된 두꺼운 막으로 발꿈치뼈(종골)에서 시작되어 발가락뼈에 부착되어 있다. 족저근막은 걷거나 뛰는 동작 중에, 특히 발꿈치가 들릴 때 발꿈치뼈의 부착 부위가 강하게 당겨져 손상될 수 있다. 족저근막염의 전형적인 증상은 '발꿈치 안쪽의 통증'으로 초기에 조치하지 않으면 발바닥 전체로 통증이 확산되는 만성으로 발전하며, 이 경우 치료가 쉽지 않고 매우 오래도록 괴롭히게 된다. 우리나라에 역대 단 두 명뿐인 올림픽 마라돈 금메달리스트 황영조 선수를 조기에 은퇴하게 만든 부상도 족저근막염이고, 국민 마라토너 이봉주 선수도 현역 시절 많이 고생한 것으로 알고 있다. 이처럼 운동량이 많은 러너라면 한 번쯤 겪었을 러너에게 가장 흔한 부상이다.

나는 운동 피로가 심하거나 운동이 하기 싫을 때 걷기를 많이 하는 편이라 궂은 날씨 등으로 야외활동이 어려울 경우에는 트레드밀에서 걷기를 하곤 했다. 어느 날 아침 일찍 출근하여 헬스클럽에서 트레드밀 걷기를 하던 중 다소 지루하여 경사를 높이 올려서 30분간 걷기를 했다. 걷기 도중 발바닥에 강한 텐션이 느껴졌지만 언덕을 오르니 당연한 거라는 생각에 무시하고 계속한 결과 다음날 아침부터 발바닥이 불편했다. 달리면서도 오지 않았던 족저근막염이 그렇게 어이없게 찾아 온 것이다. 생각해보면 몇 시간을 등산하더라도 트레드밀처럼 지속적으로 일정하게 발바닥에 스트레스를 주지 않을 텐데, 동일한 동작으로 30분간 일정하게 발바닥 근육을 괴롭혔기에 오지 않을 부상을 만든 것이다.

모든 부상이 그렇지만 러너에게 족저근막염은 특히 까다로운 부상이다. 아침에 일어나 발을 딛을 때 가장 통증이 심하고, 걷거나 달리기를 하면 괜찮은 듯싶지만 다음날 더 심한 통증으로 찾아오기 때문이다. 달릴 때 통증을 견딜 만하기 때문에 자칫하면 달리기를 지속해서 만성으로 악화되기 쉽다. 게다가 완전 회복까지 상당히 오랜 시간이 걸리며 그 과정에서 운동 부하가 증가하면 어김없이 재발한다.

부상회복의 시작은 너무나 당연하게도 증상이 사라질 때까지 운동을 중지하는 것인데 이 간단한 것을 쉽게 결단하지 못하는 러너의 심정을 나는 너무 잘 알고 있다. 그러나 부상 앞에서는 모든 욕심을 내려놓고 어떻게 하면 최대한 빨리 정상적인 달리기에 복귀할 수 있을지 만 고려해야 한다. 사고를 당하거나 근육, 인대가 파열되지 않는 한 모든 부상은 초기에 운동을 중지하고 대응하면 며칠 또는 길어도 1~2주면 다시 운동을 재개할 수 있다. 그 정도 기간이면 그동안 쌓아 온 달리기 기량에 거의 영향을 미치지 않는다. 약간의 일정 지연만 있을 뿐이다. 불행하게도 그 시간을 참지 못하고 점점 부상을 악화시켜 결국 수술을 하고 달리기를 하지 못하게 되는 사례를 너무 많이 보았다.

다행히 나는 부상에 대처하는 방법만큼은 일찍 터득한 편이라
일단 증상이 사라질 때까지 운동을 중단하고 그 이후엔 달리기를
재개하는 과정에서 몸의 변화를 세심하게 체크하여 악화되지 않는
수준으로 관리하며 회복한다. 족저근막염은 증상이 없어져도 어느
날 갑자기 다시 찾아오곤 하기에 특히 잘 관리해야 한다.

증상이 심하지 않을 때 가장 효과적인 것은 족저근막 스트레칭
으로 발가락을 발목 앞쪽으로 젖혀 족저근막에 텐션을 준 후, 발뒤
꿈치 안쪽 통증 부위를 골프공처럼 딱딱한 것으로 눌러 주면 증상
이 어느 정도인지 체크노 되고 스트레칭이 되어 회복에 도움이 된
다. 러너에게 족저근막 스트레칭과 마사지는 습관처럼 늘 반복해야
하는 것이다.

## 무릎부상: 장경인대염, 슬개대퇴통증증후군, 슬개건염

장경인대는 허리와 골반에서 시작해 허벅지 바깥쪽을 타고 내려와 정강이뼈 외측 부위까지 이어지는 두꺼운 섬유 띠로, 장경인대가 무릎 바깥쪽 뼈 돌출 부위와 반복적으로 마찰을 일으키며 염증을 발생시키는 것이 장경인대염이다. 다리를 굽히고 펼 때, 무릎 바깥쪽에서 통증이 시작되며 초기에는 운동할 때 느껴지지만 시간이 지나면 계단을 내려가거나 걸을 때도 통증이 발생한다.

2008년 가을 내 인생 첫 번째 아이언맨 코스 철인 3종 대회를 완주하고 2주간 전혀 달리기를 하지 않고 회복에 전념했다. 사실 아침 7시부터 저녁 7시까지 12시간의 레이스를 마치고 나니 완주의 기쁨도 컸지만 한동안은 운동을 할 기운도 없었다. 2주가 지나고 다시 운동을 재개하는 시점에 나도 이제 '철인'이라는 교만함에 첫 달리기를 여의도에서 부천까지 20㎞를 뛰어서 퇴근하는 초보 러너다운 선택을 한다. 출퇴근 달리기의 문제는 중간에 그만두고 싶어도 끝까지 달려야 한다는 점이다. 정말 특별한 상황이 발생치 않는 한 중간에 택시를 타기가 쉽지 않다. 그렇게 힘든 훈련을 마치고 다음 날부터 장경인대염이 왔다. 달리기뿐만 아니라 싸이클도 타는 철인 3종 선수에게 장경인대염은 언제든 올 수 있는 부상이지만 워낙 갑작스럽게 와서 당황하지 않을 수 없었다.

일단 다시 2주간 수영을 제외한 싸이클과 달리기를 멈추고 그후엔 부상회복의 전형적인 과정, 악화되지 않고 조금씩 증상이 나아지는 수준으로 운동량을 조절하며 아슬아슬한 줄타기로 회복하였다. 그때부터 나는 워밍업과 쿨다운 시 장경인대를 이완시켜주는 스트레칭을 꼭 해주는 습관이 생겼다. 통증부위에 얼음찜질 및 손으로 하는 마사지도 회복에 매우 효과적이다.

장경인대염보다 흔한 무릎 부상으로 대표적인 것이 슬개대퇴통증증후군(Patella Femoral Pain Syndrome: PFPS)으로 두 가지를 합쳐 '러너스니(Runner's Knee)'라는 명칭이 생길 정도로 러너에겐 자주 발생하는 부상이다. PFPS는 무릎주변 근육이 충분히 강화되지 않은 상태에서 과한 운동이나 활동 반복으로 슬개골과 대퇴골 사이의 마찰이 초래하는 부상으로, 무릎뼈(슬개골) 주위에 통증이 오며 회복도 더디고 쉽게 재발한다. PFPS와 혼동될 수 있는 무릎부상으로 슬개골 아래 슬개건에 염증이 발생하고 통증이 집중되는 슬개건염(Patella Tendinitis)이 있다. '점퍼스니(Jumper's Knee)'라고도 한다. 세 가지 부상이 모두 무릎과 관련된 근육과 관절의 힘의 균형이 무너져서 발생하는 만큼 발생 원인을 근원적으로 해소하여야 완전히 회복되는 어려운 부상이기도 하다. 무릎은 수많은 엘리트 유망주를 좌절시킨 악명 높은 부상 부위이니 초기 대응에 자신의 미래가 달려있음을 잊지 말자.

## 햄스트링 부상

햄스트링은 넓적다리의 뒤 칸에 분포하는 세 개의 근육 그룹을 통틀어 일컫는 말로, 자동차의 브레이크처럼 가속도가 붙은 신체를 반대 방향이나 진행 방향 이외의 방향으로 움직이려 할 때 제어하는 역할의 근육으로 허벅지 근육 등 큰 근육과 반대의 힘을 써야 하기에 평소 수준을 초과하는 과격한 동작이나 훈련 시 부상을 입는 경우가 많다. 단거리 선수나 축구선수 등에게서도 부상이 빈번하고 악화되면 상당 기간 아예 달리기를 하는 것이 불가능하게 된다.

지역 철인 3종 클럽에 가입한 직후 클럽 회원들과 육상트랙에서 쌀쌀한 날씨에 몸이 충분히 워밍업되지 않은 상태에서 갑자기 질주에 이은 서킷트레이닝을 실시하였다. 처음이라 시키는 대로 너무 열심히 질주를 마치고 서킷을 수행하는데 햄스트링에 기분 나쁜 압박감이 왔다. 다행히 완전한 파열은 아니었지만 한 동안 운동을 쉬고 나서도 페이스를 올리려 하면 통증으로 달리기를 멈추어야 하는 상황이 수개월 동안 이어졌다. 누군가의 조언에 의해서가 아니라 오로지 운동을 해야겠다는 일념에 러닝 중 작은 찌릿함이라도 있으면 즉각 멈추고, 증상이 없더라도 운동이후 다음날까지 증상이 완화됨을 느낄 수 있는 수준으로 운동량을 조심스럽게 조절하여 힘들게 극복할 수 있었다.

# 정강이근막염(Shin Splints)

지나친 운동이나 반복적인 활동으로 인해 정강뼈와 안쪽 근육 사이 근막 손상과 염증이 생겨 정강이 부분에 통증이 생기거나 부풀게 되는 증상으로 악화되면 피로골절로 진행될 수 있다. 정강이뼈 뒤에 숨어 있어서 증상이 심해질 때까지 거의 인지하지 못하고 방치되다가 증상이 나타나면 그때부터 달리기를 할 수 없는 통증이 온다.

다행히 미리 알고 대처할 수 있는 방법이 있다. 정강이뼈 안쪽 근육을 손가락으로 눌렀을 때 통증이 느껴진다면 수시로 눌러서 마사지와 얼음찜질을 해 주는 것만으로도 심하지 않은 경우는 회복 가능하다. 베테랑 러너 중에 평소 달리기를 소홀히 하다가 대회를 앞두고 부랴부랴 준비하는 경우가 있는데 그런 식으로 갑작스런 운동량 증가 시 다른 부위에도 부상 발생 가능성이 증가하지만 정강이 부상이 오는 경우가 많다.

# 아킬레스건염

　아킬레스건은 장딴지 근육과 발뒤꿈치뼈를 연결하는 부위의 힘줄로, 우리가 뛸 수 있게 해 주는 우리 몸에서 가장 센 힘줄 중 하나이다. 아킬레스건의 약한 부위에 미세한 염증으로 시작해 불룩하게 붓게 되고 더 악화되면 끊어질 수도 있다. 아킬레스건 부상은 종아리근육과 아킬레스건 상단부에 압박감으로 시작되는데 그것을 단순 근육통으로 생각하고 계속 사용하게 되면 가장 약한 하단부에 염증이 발생하여 돌출되고 통증이 심해진다. 이 단계가 되면 최소 3개월 이상의 회복이 필요해지니 초기 단계에서 운동을 중단하고 회복이 되는 수준으로 운동량을 조절하는 방법으로 대응해야 한다.

　당초 전형적인 리어풋이었던 나는 포어미드풋으로 전환하여 적응이 완료된 후에도 한동안은 강도 높은 달리기를 할 경우 아킬레스건 상단부에 압박감이 오곤 했다. 부상에 예민한 편이라 즉각 이틀 정도 달리기를 중단하고 상태를 점검하는 습관이 있었기에 부상으로 발전하지 않았지만 주변에서 통증을 참고 달리기를 계속하다가 염증이 심해지거나 끊어져서 사실상 달리기를 못하는 경우를 적지 않게 보았다. 끊어지면 달리기가 문제가 아니라 일상생활 및 직장생활에도 큰 지장을 주는 데다 6개월 이상의 회복 기간이 필요한 가장 조심해야 하는 부상 중 하나이다.

위에 언급한 부상 외에도 발목, 골반, 허리 등 기계가 아닌 인간이기에 어쩔 수 없이 부상이 찾아올 수 있지만, 욕심을 버리고 ① 예방, ② 부상 초기 운동 중단, ③ 얼음찜질 및 스트레칭, ④ 서서히 회복되는 수준으로 운동 재개로 이어지는 과정만 세심하게 유지한다면 부상과의 동행은 큰 트러블 없이 가능할 것이다.

## 엘리트 선수의 부상 관리

미래가 기대되었던 유망주 또는 커리어의 정점에 있는 탑 클래스 선수가 부상으로 운동을 그만두고 새로운 도전에 직면하는 경우는 모든 스포츠에서 자주 벌어지는 일이고 육상의 경우는 종목 특성상 더 빈번하다. 엘리트 선수라면 선수 보호를 위해 당연히 부상 초기에 대응해야 하고 그랬다면 선수로서의 미래를 잃는 사태까지 부상이 악화될 리가 없을 텐데 현실은 우리가 생각하는 것과는 정반대인 듯하다. 앞서 언급했다시피 모든 부상은 초기에 운동을 중단하면 선수의 기량에 거의 영향을 주지 않고 회복 및 운동을 재개할 수 있다. 그 시간은 엘리트 운동선수로서 보낸 기간과 이후의 삶을 고려하면 매우 짧은 시간이다. 부상으로 인한 강제 은퇴라는 결과는 끊임없이 성과를 내야 하는 팀과 코치의 묵인 속에 선수의 욕심이 결합된 결과일 것이라 추정할 수 있기에 더 안타깝다.

야구, 축구와 같은 인기 있는 단체 스포츠에서도 과거 특정 선수의 의존도가 큰 팀에서 승리를 위해 지나치게 에이스를 혹사시켜 문제가 되었지만 현재는 부상선수를 즉시 주전에서 제외하고 재활에 집중하는 것이 팀과 선수에게 최선이고 더 현명한 선택이라는 문화가 상당히 정립된 것으로 보인다. 육상팀과 달리기 선수들에게 이런 기대를 할 수 없는 것일까?

이 부분에서 코치의 역할을 강조하지 않을 수 없다. "요즘 선수들은 예전의 선수처럼 운동을 열심히 하지 않는다. 툭하면 아프다고 한다" 종목을 불문하고 과거 좋은 성과를 내어 지도자의 위치에 오른 코치들이 흔히 하는 말이다. 이런 말을 스스럼없이 하는 것을 들으면 귀를 의심하게 된다. 이 말에는 "우리 때는 웬만한 부상은 참고 훈련하고 대회에도 출전했으니 너희들도 그 정도는 감수해야 한다"는 강요의 의미가 담겨 있는 말이라는 걸 알고 한다는 점이 놀라울 따름이다. 과거 자신의 선배 코치들의 강압적인 코칭의 결과로 많은 동료와 후배 유망주가 평생을 바친 달리기를 포기하는 것을 수도 없이 보았을 것이기에 배신감마저 느껴진다. 부상 관리는 적당히 참고 넘어갈 수 있는 영역이 아니라 선수의 인생과 미래가 달린 중대한 일이라는 점을 무시하는 코치에게 자신을 맡길 선수가 있을 것인가? 잘해보려고 해도 마음처럼 코칭이 되지 않는 현실에 답답한 지도자의 고충을 이해하지 못할 바는 아니다. 다만 선수 탓을 하기 전에 좋은 지도자란 어떻게 해야 하는지에 대한 고민이 선행되어야 할 것이다. 자신이 선발한 선수가 부상이 악화될 때까지 상태를 잘 알지 못할 정도로 소통이 이루어지지 않는 관계라면 코치에게도 책임이 없지 않을 것이다. 코치는 어린 엘리트 선수들을 부모와 같은 애정으로 세심하게 배려하고 돌보면서 이끌어 주어야 하는 존재여야 한다. 그 정도 신뢰가 구축되어 있는 코치와 선수 관계라면 어려운 훈련도 함께 극복할 수 있을 것이며 더 좋은 성과를 이룰 것이라 믿는다.

한편 엘리트 선수들의 경우는 비시즌 휴식기 이후 운동이 재개

되는 시점에 단계적이고 세심한 조절이 부족하여 부상이 발생하는 경우가 많다. 몸이 곧 자신의 최대 자산이자 보물이니만큼 서두르지 말고 서서히 빌드업하는 습관에 익숙해져야 할 것이다. 매년 한 살씩 나이를 더 먹고 1년 전보다 조금 더 천천히 몸을 만들어야 한다는 사실을 간과하지 말자.

# 러닝화의 진화 과정 및 적합한 선택 가이드

Knee Leading

Fore-Mid Foot Landing

Standard Steps

# 러닝화의 진화 과정 및 선택

　우리가 신는 대부분의 신발은 걷기 위해 만들어진 것으로 스니커즈와 같은 쿠션이 있는 운동화조차도 걷기에 비해 거의 3배에 달하는 달리기의 중력 충격을 흡수하기에는 충분치 않기 때문에 달리기를 위한 전용 러닝화를 신어야 하는 것은 선택의 여지가 없는 필수사항이다. 러닝화의 제조사 간 성능 및 기술의 차이는 크지 않다고 본다. 어떤 산업에서건 수시로 혁신적인 제품이 출시되지만 순식간에 유사한 제품이 넘쳐나고 그것이 또 다른 진보의 동력이 된다. 중요한 점은 어떤 형태의 신발을 고르느냐가 될 것이며, 러닝화를 분류하는 방식도 다양하지만 이 책에서는 이해를 쉽게 할 수 있도록 바닥이 얇은 '미니멀(Minimal)화'와 두툼한 바닥의 '쿠션화(Maximal)화'로 나누었다. 지금도 수많은 러닝화가 발매되고 있지만 순수 러닝화는 두 가지 분류 안에서 그 시대의 유행에 따라 다양하고 새로운 소재와 기술을 적용하는 등의 변화를 주는 것이라 할 수 있다.

1960년 로마올림픽 마라톤에서 에티오피아의 아베베 비킬라가 맨발로 세계기록을 경신하며 우승했을 때, 세계가 경악했지만 태어나면서부터 맨발로 생활하는 동아프리카에서는 전혀 이상할 게 없었을 것이다. 신발에 익숙한 현대인은 우리 인간이 맨발로 태어났다는 것을 잊고 살고 있을 뿐 자연계에서 어떤 동물도 신발을 신고 살지 않으니 말이다. 이런 사실에 동기부여를 받아 극단적으로 자연 친화적인 맨발 달리기(Bare-foot Running)를 즐기는 사람들도 있다. 맨발로 부드러운 잔디밭을 달려 보면 그들이 왜 그렇게 하는지 어느 정도 이해할 수 있을 것이다. 러닝 시 우리 발과 신체에 오는 느낌을 가장 리얼하게 느낄 수 있기 때문에 체험해 볼 필요는 있다고 본다. 다만, 중장거리 달리기를 맨발로 하는 것은 권장하지 않는다. 무엇보다 거리가 늘어날수록 매우 아프고 불편해서 달리기의 재미를 반감시키고 좋은 자세를 형성하기도 어렵다. 아프리카 선수들이 맨발로도 장거리를 좋은 자세와 스피드로 달릴 수 있는 것은 태어난 그대로 맨발 생활을 함에 따라 강한 근육과 인대, 가죽 같은 발바닥을 가지고 있기 때문으로 이미 신발에 적응하여 허약해 진 현대인이 그렇게 되는 것은 사실상 불가능에 가깝다.

맨발만큼은 아니지만 발바닥과 지면이 닿는 느낌을 살릴 수 있도록 얇은 바닥을 적용한 신발을 미니멀화라 부른다. 충격흡수나 반발력 보다는 현대인의 부드러워진 발을 단단하고 거친 바닥으로

부터 보호하는 데 중점을 둔 신발로 중장거리 러닝용 미니멀화는 약간의 쿠션이 있다. 아베베 비킬라는 1960년에 이어 1964년 도쿄 올림픽 마라톤에서도 우승하는데 이때 신은 러닝화는 현재의 개념으로는 미니멀화에 가깝다. 근대 올림픽이 시작된 이후로 인류는 오래도록 미니멀화를 신고 단거리와 장거리를 모두 달려왔는데, EVA(Ethylene Vinyl Acetate) 소재가 러닝화 바닥에 본격적으로 적용되면서 쿠션화가 탄생하고 이후 일상과 러닝을 포괄하는 운동화 시장을 장악하며 인류의 건강과 달리기에 엄청난 영향을 미치게 된다. 당시엔 최선의 판단이었으리라 짐작해 보지만 현재의 관점에서 돌아보았을 때 아쉬운 점은, 각 제조사들이 러닝화의 앞축보다 뒤축을 10㎜ 이상 더 높게 만드는 등 상대적으로 뒤축에 기술을 집중하게 되었고 그것이 러닝 시 뒤축으로 착지하는 것을 당연하고 익숙하게 만들어 버렸다는 점이다.

인간은 맨발로 달리도록 진화하였고, 맨발로 달리려면 충격 흡수와 스피드를 위해 앞축이 먼저 착지하는 것이 자연스럽다. 근대 육상이 태동한 이래 단거리 러너들은 모두 앞꿈치로만 달리기를 해 왔는데, 중장거리 및 마라톤 선수들이 뒤축으로 착지하는 것을 당연하게 받아들이게 된 데에는 러닝화 제조사의 마케팅 결과일 거라는 합리적인 의심을 거둘 수가 없다. 단거리는 소수 엘리트 선수들의 종목이지만 슬로조깅을 포함하는 중장거리 및 마라톤은 전 세계 수십억 명이 즐기는 거대한 시장이다. 1990년대 이후 앞꿈치로 착지하는 에티오피아와 케냐의 선수들이 중장거리 육상을 휩쓸게 된 이후에도 한동안 그 기조는 변하지 않았다. 그들에게 뒤축이 높은 러닝화는 너무 불편하고 어색했음에도 말이다. 지금도 마찬가지다. 2000년대 들어 마라톤이 스피드화되고 육상을 하며 많은 부상을 겪었던 전 현직 엘리트 선수들이 직간접적으로 러닝화 개발에 참여하면서 앞부분 바닥의 중요성이 부각되기 시작했고 마스터스 주자들에게도 앞꿈치로 먼저 착지하는 주법이 알려지기 시작했다. 이후 발전을 거듭하며 현재와 같은 앞축과 뒤축에 모두 다소 과도한 쿠션과 탄력이 장착된 신발이 중장거리 러닝화의 대세이자 표준으로 자리 잡게 되었다. 물론 그 과정에서 러닝화 제조사의 탁월한 마케팅과 엘리우드 킵초게라는 역사상 최고 마라토너의 기여를 빼놓을 수 없기도 하다.

결론적으로, 본격적으로 달리기를 즐기는 러너는 부상 예방을 위해 쿠션화를 선택해야 하며 지금은 거의 모든 러닝화 브랜드에서 위에서 언급한 앞축과 뒤축에 탄력이 보강된 러닝 전문 운동화를 판매하고 있으니 개인의 선호에 따라 적절한 브랜드를 선택하면 될 것이다. 한 가지 당부하자면 러닝화는 달리기 부상을 예방할 수 있는 너무나 중요한 장비이므로 가격이 다소 비싸더라도 좋은 제품을 고르길 추천하며, 러닝 거리가 최대 2,000㎞를 넘기 전에 교체하는 것이 현명한 활용법이다. 일부 러닝화는 500~600㎞만 달려도 쿠션이 약해지는 경우도 많으니 수시로 점검할 필요가 있다.

한편 대부분의 러닝샵에서는 초보자의 경우 너무나 당연하다는 듯이 입문자용이라며 워킹화와 고급 러닝화의 중간 단계인, 내 기준에서 보면 다소 러닝에 부족한 신발을 추천하는 경우가 많은데 초보자라면 더욱 탄탄하고 좋은 쿠션화를 신어야 한다. 초보자의 다리와 발은 훈련된 러너의 그것보다 훨씬 약할 것이기 때문이다. 러닝화 선택은 남들 따라가면 중간은 한다는 어른들의 말씀과 반드시 부합하지 않을 수 있으니 자신에게 맞는 제품을 꼼꼼하게 비교해서 선택하기 바란다. 또한 경험적으로 어떤 브랜드건 소위 입문자용 러닝화부터 레이스화까지 모든 모델을 최고의 품질로 만들 수는 없다. 그러니 특정 브랜드만 고집하기보다는 용도별로 내 발에 맞는 러닝화를 신는 것이 최선일 수도 있다. 데일리 트레이닝화, 중장거리 트레이닝화, 스피드 레이스화, 장거리 레이스화 등 각 브랜드가 강점을 가진 영역이 존재함을 받아들이고 즐거운 마음으로 쇼핑을 하자.

# 부상을 줄일 수 있는 러닝화의 조건

나는 부상에 예민하여 초보 시절부터 러닝화를 까다롭게 선택했고, 2012년부터는 러닝화 비즈니스에 직간접적으로 관계하여 소비자이자 제품을 취급하는 당사자로서 다른 러너보다 더 깊이 러닝화를 살펴보고 고민할 기회를 가졌다. 20여년의 경험과 시행착오를 거치면서 새로운 러닝화를 개발한다는 마음으로 아래의 조건을 정리했다. 과거에 지금처럼 좋은 러닝화가 있었다면 나의 목표나 달리기 여정은 달라졌을 가능성이 높다. 모든 러너에게 있어 러닝화의 선택은 생각보다도 훨씬 중요한 문제이다.

① 30㎜ 이상의 러닝화 앞부분과 뒷부분을 커버하는 탄탄한 쿠션

달리기 충격을 흡수하기 위해서는 앞뒤축의 쿠션이 물렁하지 않고 탄력적이어야 하며, 발바닥의 작은 면적으로 몸 전체를 지탱하기 위해서는 쿠션이 증가할수록 안정적인 자세를 유지할 수 있는 설계와 기술 적용이 필요하다. 그러면서도 지나친 쿠션이 러닝에 방해가 되지 않는 모양(Shape)을 찾아야 한다. 특히 달리기에 있어 발이 차지하는 역할과 기능을 대부분 소화하는 앞꿈치 바닥은 안정적이면서도 짱짱한 탄력이 필수이다. 여기서 30㎜의 기준은 뒤축이 아닌 앞꿈치 부분을 의미하는 것으로 오프셋이 6㎜라면 뒤축은 36㎜ 이상이 된다.

② 착지 시 발가락이 좌우로 퍼질 수 있는 충분한 공간이
　나오는 설계

현재의 주류 러닝화는 발가락 부분이 너무 좁고 발가락 길이의
개인차를 무시하고 있다. 충격 흡수와 추진력을 위해 발 앞꿈치와
발가락의 안정적인 착지와 편안한 움직임이 너무 중요한데, 타이트
한 운동화만 신다 보면 원래 그래야 하는 것으로 익숙해져서 느끼
지 못할 수 있다. 여성들이 오래도록 소위 뾰족구두를 신고 발가락
을 모으고 생활하는 동안 편안한 신발을 신었다면 발생하지 않았
을 통증이나 무지외반증 같은 질병을 발생시키는 것과 비교될 수
있다. 발가락이 움직이기 힘들 정도로 꽉 끼는 러닝화를 신는 동
안 나의 발은 고통을 받고 러닝과 워킹자세 전반에 영향을 미치며
여기저기 부상을 만들어내기도 한다. 마라톤을 오래 한 러너 중에
발톱이 까맣게 죽거나 빠진 경우가 꽤 있는데 십중팔구는 너무 딱
맞는 러닝화로 인해 발생한 것이다. 발가락이 지면을 안정적으로
컨트롤할 수 있는 러닝화를 신는 순간 신세계가 열릴 것이다. 발가
락과 앞꿈치가 달리기를 지원할 수 있도록 넓은 토박스(Toebox)를
확보하자.

③ 앞축과 뒤축 간 높이차 '0~6㎜': 오프셋 '0~6㎜'

오프셋(Offset) '0'을 제로드롭(Zero Heel to Toe Drop)이라는 용어로
쓰기도 한다. 뒤축이 앞축보다 6㎜를 초과하는 러닝화는 포어미드

풋 착지를 방해한다. 기왕이면 '0'에 근접하기를 추천하며 경험적으로 최대 6㎜를 넘지 않는 것이 좋다. 현재 메이저 브랜드는 평균 오프셋 8~10㎜를 주력으로 하며 10㎜가 넘는 러닝화도 판매하고 있다. 이처럼 뒤축이 높은 러닝화를 신고 포어미드풋을 구사할 경우 착지 시 발이 앞쪽으로 쏠릴 수밖에 없다. 그런데도 그런 신발을 신고 달리는 포어미드풋 착지 러너가 매우 많은 다소 이해하기 힘든 상황이다. 포어미드풋 착지만으로도 많은 부상을 줄일 수 있음을 기억하자. 다만, ①에서 언급한 앞꿈치 탄력이 좋은 러닝화의 경우 스펙상 8㎜를 초과하는 오프셋에도 불구하고 체감되지 않는 경우가 있고, 신발코와 앞꿈치 바닥 부분의 설계에 따라 6㎜ 이하의 러닝화도 발이 앞으로 미끄러질 수 있으니 반드시 신어보고 판단토록 하자.

첫 번째 조건인 30㎜ 이상의 탄탄한 쿠션은 요즘 대부분의 러닝화에 이미 적용되어 있고 오히려 지나칠 정도로 뚱뚱한 쿠션화도 많다. 쿠션의 두께만 보지 말고 얼마나 안정적으로 내 발과 밀착되어 착지 충격을 흡수하는지 자신의 러닝화와 비교해보고 부족하다면 더 나은 신발을 찾아보자. 쿠션의 높이와 관계없이 착지 시 물컹하거나 뒤뚱거리는 느낌이 있다면 그 신발은 러닝화로는 불합격이다. 세 번째 조건(Low Heel to Toe Drop)과 합쳐져야 제대로 효과를 발휘할 수 있다.

두 번째 조건에 맞는 러닝화는 전 세계적으로 소수의 전문 브랜드가 있고 메이저 제조사에도 모델별로 일반적인 러닝화보다 넓은 경우도 많다. 서양인보다 발이 넓은 동양인을 위해 아시안 핏을 적용한 제품도 있다. 원하는 브랜드에 적합한 신발이 없다면 선호하는 브랜드 제품을 평소보다 5~10㎜ 크게 신는 것도 한 방법이다. 러닝화는 작거나 딱 맞는 것이 문제를 일으키지, 큰 경우는 전혀 문제가 되지 않는다. 처음엔 헐렁한 느낌이 들 수 있는데 곧 적응되고 훨씬 안정된 달리기가 가능해진다. 그 후엔 그동안 왜 딱 맞는 러닝화를 신고 고생을 했나 싶어질 것이다. 특히 평소 가장 많이 착용하는 훈련용 러닝화는 부상 예방을 위해 반드시 토박스가 여유 있는 제품 또는 넉넉한 사이즈를 선택해야 한다.

세 번째 오프셋 '0~6㎜'인 러닝화는 특화된 몇 개의 브랜드가 있고, 메이저 제조사의 러닝화에도 많은 모델에 선택적으로 적용되고 있다. 첫 번째 조건인 30㎜를 초과하는 앞꿈치 쿠션을 함께 가진 러닝화도 관심만 있다면 어렵지 않게 찾을 수 있다. 선호하는 브랜드의 여러 모델 중에 오프셋이 최소화된 러닝화를 찾아보자.

달리기는 오랜 시간 신체에 가혹한 스트레스를 주는 스포츠이다. 작은 어긋남이 몇천 보, 몇만 보 쌓이다 보면 우리 몸은 고통을 호소하고 부상이라는 마지막 신호를 주게 된다. 러너인 우리는 자신이 얼마나 불편함을 감수하면서 달리기를 하고 있는 지 너무 잘 알고 있는데도 그냥 무시하고 참고 사용한다. 지금처럼 놀라운 기술과 소재의 시대에 그럴 이유가 없다.

# 보충 설명 및 러너가 하지 말아야 할 행동

*Knee Leading*
*Fore-Mid Foot Landing*
*Standard Steps*

## VDOT 일람표의 활용

세계적인 러닝 코치이자 스포츠 생리학자 잭 다니엘스 박사는 그의 책『다니엘스의 러닝 포뮬러』에서 'VDOT는 VO2Max의 약어'로 사용되었다고 밝히고 있다. VDOT 일람표는 러너의 VO2Max 값에 대응하는 1.5㎞부터 마라톤까지의 추정 기록 및 이지 러닝부터 리피티션까지 훈련페이스를 예시하고 있다. 정확한 VO2Max 값을 알려면 측정 장비와 전문가가 필요하지만 그 수치를 모르더라도 VDOT 일람표를 활용하는데 문제가 없다. 최근의 5㎞, 10㎞, 하프 마라톤 및 마라톤 기록 중 하나를 입력하면 나머지 값을 모두 예측할 수 있고 적절한 트레이닝 페이스도 확인할 수 있다.

나의 실제 기록을 예로 들면 아래와 같다. VDOT 일람표는 'VDOT표'로 표기한다.

5km: 17'40" (VDOT표 17'33")

10km: 36'30" (VDOT표 36'24")

Half는 기록이 없으니 VDOT표를 적용해 보면 1:20'30"

Marathon: 2:48'32" (VDOT표 2:48'14")

**잭 다니엘스의 VDOT 일람표를 이용한 레이스 결과 추정**

| VDOT | 5km | 10km | 하프마라톤 | 마라톤 |
|---|---|---|---|---|
| 38 | 25'12" | 52'17" | 1:55'55" | 3:59'35" |
| 45 | 21'50" | 45'16" | 1:40'20" | 3:28'26" |
| 51 | 19'36" | 40'39" | 1:30'02" | 3:07'39" |
| 54 | 18'40" | 38'42" | 1:25'40" | 2:58'47" |
| 58 | 17'33" | 36'24" | 1:20'30" | 2:48'14" |
| 67 | 15'29" | 32'11" | 1:11'00" | 2:28'40" |
| 72 | 14'33" | 30'16" | 1:06'42" | 2:19'44" |
| 79 | 13'26" | 27'59" | 1:01'34" | 2:09'02" |
| 82 | 13'01" | 27'07" | 59'38" | 2:04'57" |

처음 VDOT표와 나의 기록을 확인하고는 너무 비슷해서 깜짝 놀랐고 그 결과로 내가 거리별 페이스를 나름대로 효율적으로 달리고 있음을 확인하는 계기가 되어 반갑기도 했다. 실제 기록과 VDOT표의 예시와 일치한다는 것은 거리별로 효율적인 페이스 배분을 하고 있다는 것과 같을 것이기 때문이다. 사실 5km 기록을 기

준으로 10㎞와 하프마라톤은 일정하게 페이스를 늦추면서 거리를 늘려 가면 VDOT표와 일치시키는 것이 그리 어렵지 않다. 그러나 마라톤은 충분한 거리훈련과 페이스 조절이 이루어지지 않을 경우 레이스 기록에서 상당한 오차를 낼 수도 있다. 10㎞를 35분에 달리는 주자라면 마라톤 2시간 40분 완주가 가능할 수 있지만 충분한 거리훈련과 페이스 조절이 되지 않으면 2시간 50분도 쉽지 않다. 그만큼 (풀코스)마라톤은 하프마라톤이하 거리의 달리기와는 차원이 다른 레이스이다. VDOT표는 목표 페이스를 산정하고 훈련하는 데 도움을 주는 것으로 절대적인 결과값이 될 수는 없다. 결과는 러너의 몫이다.

한편 VDOT표를 보면 인터벌, 리피티션 등 훈련시 어떤 페이스로 달려야 하는지 참고할 수 있다. 요즘은 스마트폰에서 'VDOT Calculator App'을 활용하여 손쉽게 각자의 목표기록과 페이스를 확인할 수도 있다. 앞장의 인터벌과 리피티션 훈련법에 목표 시간별 VDOT표와 내가 제시하는 훈련 페이스를 비교해 두었으니 참고하기 바란다. 사실 수치를 안다고 하더라도 실제 훈련을 실행하는 것은 그리 간단치 않기에 어설프게 되거나, 페이스 조절 실패로 중도 포기하는 경우가 많다. 보통의 러너가 이론만으로 쉽게 실행할 수 있는 것이라면 엘리트 선수들이 코치와 페이스메이커까지 두고 훈련을 하지 않을 것이다. 특히 강도 높은 인터벌이나 리피티션 훈련은 실효성과 부상 예방을 위해 세심하게 설계 실행되어야 하는 바 전문가로부터 도움받기를 권장한다.

# 슬로조깅(Slow Jogging)

옆 사람과 편하게 대화할 수 있을 정도로 작은 보폭으로 거의 걷는 것과 비슷한 느리게 달리기이지만 걷기에 비해 에너지 소비량이 높아 다이어트와 기초근력 강화에 좋고, 빠르고 힘든 달리기가 부담스러운 사람도 큰 어려움 없이 가능한 운동이다. 일본에서 개발되고 유행되기 시작해 러닝 열풍과 함께 전 세계적으로 활성화되고 있다. 슬로조거는 전형적인 포어풋 자세인 발 앞꿈치로 착지하여 러닝의 충격을 흡수하고 허벅지, 종아리, 발바닥 등 각종 근력을 강화토록 하고 동작이 크지 않기 때문에 보편적으로 매우 자연스러운 좋은 자세를 가지고 있지만, 그런 착지 자세를 장시간 유지하는 것은 슬로조깅의 취지에 맞지 않는 것이라 생각되는 점도 있다. 최종적으로 뒤꿈치가 지면에 닿는 포어미드풋 착지 러너의 그것과는 다르게 전혀 뒤꿈치를 대지 않는 점은 다소 의외이고 아쉬운 대목이다. 앞꿈치가 먼저 착지하되 뒤꿈치까지 닿고 다음 걸음으로 나아가야 종아리와 아킬레스건, 발바닥 근육에 주는 부담을 완화시킬 수 있다. 그 상태에서 무릎의 선행과 함께 보폭을 확대하고 스텝 수를 올려주면 완벽한 포어미드풋 착지 러너가 된다. 슬로조깅 창시자의 노고에 감사하고 존중하되 나의 달리기 스타일은 내가 결정해도 된다.

# VO2Max(최대산소섭취량)와 러닝이코노미

운동을 하려면 근육에서 필요한 에너지를 만들어야 하고 에너지를 만들기 위한 연료를 태우기 위해서는 산소가 필요하다. 호흡을 통해 폐로 들어온 산소를 심장박동으로 피를 이용해 온몸 구석구석 보내주기 때문에 폐, 심장, 혈액의 산소운반능력과 근육의 산소이용능력을 높여주어야 한다. 이 모든 요소들이 잘 작동하면 VO2Max가 높아지고, 그것을 위해 우리는 유산소 운동을 하는 것이다.

한편 러닝이코노미는 특정 속도로 달릴 때 필요한 산소의 양을 의미하는 것으로 같은 산소의 양으로 얼마나 잘 달리냐를 평가한 것이다. 즉, 러닝이코노미가 좋으면 달리기가 더 쉽고 편하다. 싸이클이나 마라톤처럼 힘든 지구력 스포츠에서 선수의 역량을 비교할 때 가장 많이 인용되는 것이 VO2Max이나 경기 기록에 미치는 영향은 러닝이코노미가 더 큰 것으로 알려져 있다. 같은 조건이라면 VO2Max가 높은 선수를 결코 이길 수 없으니 그 값으로 순위가 결정될 수 있지만 반드시 그렇지 않은 이유는 러닝이코노미가 서로 다르기 때문이다.

나는 러닝이코노미를 위와 같이 협소하게 한정하는 것보다 달리기 전반의 효율성을 표현하는 광의의 의미로 해석하는 것도 가능하다고 생각한다. 이 책을 통해 전파하고 싶은 효율적인 달리기

와 매우 관계가 깊다. 좋은 자세, 최적의 스텝수, 건강한 운동패턴
과 습관, 적합한 러닝화, 뉴트리션 등 러닝이코노미에 영향을 미치
는 요소는 매우 다양하다.

# LSD(Long Slow Distance)

낮은 강도부터 중간 강도로 일정한 속도로 수행되는 지속적인 훈련의 한 형태로 달리기뿐만 아니라 조정, 스키, 싸이클링 등 지구력 스포츠에서 활용된다. 마라톤을 위해서는 최대 거리 30㎞, 시간으로 3시간 이내를 권장한다. 마라톤 준비 과정에서 3시간 이상, 40㎞ 이상의 LSD를 반드시 해야 하는 것으로 믿는 러너들도 많은데, 경험적으로 심리적인 위안을 줄 수는 있으나 실제 효과는 거의 없고 부상 위험을 증가시키고 피로 누적으로 회복 시간을 길게 만들 뿐이다. 초보자라면 LSD만으로도 마라톤을 완주할 수 있는 기초를 형성할 수 있지만 숙련된 러너는 다양한 속도를 활용해야 한다. 우리 몸은 달리기 속도에 따라 다양한 생리적 반응이 일어나기 때문이다.

# 파틀렉(Fartlek)

1930년대 스웨덴의 괴스타 홀메르(Gösta Holmér)에 의해 개발된 달리기 훈련법으로 스웨덴어로 '스피드플레이'를 뜻한다. 20~30분간 질주와 회복을 정해진 시간이나 횟수 없이 느낌에 따라 반복하는 방식으로 다소 비과학적이고 비정형적인 트레이닝을 특징으로 한다. 트랙이나 도로에서도 할 수 있지만 그것을 벗어나 평준한 지형과 언덕 지형이 포함된 자연 지형에서 러너의 의지와 느낌에 따라 강도를 높이고 회복하는 과정은 내가 권장하는 트레일 러닝과 유사한 측면이 있다. 그냥 노는 것이 되지 않으려면 훈련의 목표와 구간에 따른 계획을 사전에 설정할 필요가 있다. 물론 가끔은 자연에 동화되어 관광 달리기를 해도 나쁘지 않다.

# 테이퍼링(Tapering)

마라톤 대회 전에는 오랜 기간 강도 높은 훈련으로 인해 피로 누적 및 신체 밸런스가 많이 훼손된 상태가 된다. 그 상태로 대회에 출전해서는 최선의 결과를 기대하기 어렵기에 대회전 운동량을 점진적으로 줄여서 근육 글리코겐, 효소, 항산화제, 호르몬 등을 최적 수준이 되도록 조절하는 과정이 필요하다. 마라톤에 대비한 테이퍼링은 대회 직전 3주 동안 단계적으로 운동량을 줄이는 것을 기본으로 한다. 나는 대회 3주 전 최종적으로 마라톤 페이스 32㎞ 달리기, 2주 전에 20㎞ 하프마라톤 페이스 달리기, 1주 전에 10㎞ 역치 페이스 달리기로 거리는 줄이되 스피드는 상향하는 방법을 활용한다. 3주간 운동량은 70%, 50%, 30%로 감소한다. 대회 전날은 완전히 쉬는 것보다 대회와 같은 시간대에 가벼운 조깅 후 1,000m 역치페이스로 약간의 자극을 준다.

# 카보로딩(Carbohydrate Loading)

우리 몸은 포도당으로 이루어진 다당류의 중합체인 글리코겐을 간과 근육에 저장해 두었다가 에너지원이 필요할 경우 분해하여 포도당으로 사용한다. 글리코겐이 고갈될 경우 더 이상 운동을 지속할 수 없기에 싸이클, 마라톤처럼 장시간 신체활동이 이루어지는 종목은 중간에 계속해서 탄수화물을 보충해 주어야 한다. 마라톤 대회를 위한 카보로딩은 대회 4일 전부터 3일간 단백질 위주의 식단으로 신체의 탄수화물 저장 욕구를 극대화한 후 1일 전 다량의 탄수화물을 섭취하는 방식으로 평소보다 많은 글리코겐을 저장토록 하는 것이다. 이때 주로 섭취하는 음식은 파스타, 쌀, 빵, 감자 등 포도당의 고분자인 전분이 많이 들어있는 음식들이다. 극단적인 기록 경쟁을 하는 엘리트 선수라면 전문가의 도움 속에 정밀하게 실시하는 것은 의미가 있을 수 있으나, 마스터스 러너에겐 자칫 신체 밸런스를 오히려 흐트러뜨릴 수 있어서 추천하지 않는다. 다만 지구력 스포츠를 즐기기 위해서는 대회 직전은 물론 평상시에도 탄수화물이 많은 음식을 섭취하는 것은 필수적이다.

# 피로골절(Stress Fracture)

스트레스 골절이라고도 불리며, 뼈에 질환이 있거나 외상을 입지 않았지만 심한 훈련 등 반복되는 자극에 의해 뼈의 일부분에 스트레스가 쌓이면서 발생한 불충분 골절을 말한다. 골절이라는 명칭 때문에 뼈가 부러져야 하는 것으로 오해할 수 있으나, 완전히 부러지지 않은, 미세하게 금이 가 있는 상태로 압박감과 함께 통증이 온다. 주로 무릎 아래쪽 발가락과 발목 사이, 발등, 발뒤꿈치, 발목과 무릎 사이 정강이뼈에서 많이 발생하며 원인 활동을 중지할 경우 한 달 이내에 회복되지만 스트레스 노출이 지속되면 완전 골절로 이어질 수도 있다. 러너의 피로골절은 장기간 달리기를 할 수 없는 중대한 부상으로 가기 전 마지막 경고의 시그널로 결코 가볍게 보아서는 안 된다.

# 러너가 하지 말아야 할 행동

단체로 달리는 것은 좋지만 제발 너무 큰 소리는 지르지 말자. "비켜요, 비켜!"는 기본 인성을 의심케 하는 예의 없는 행동이고, "파이팅" 큰 소리 대신 손을 흔들거나 엄지척이 훨씬 폼 난다. 그리고 단체 횡대로 길을 막으며 달리는 것도 동료 러너와 걷는 이들의 눈살을 찌푸리게 한다. 러너도 이해가 안 되는데 산책하거나 쉬러 나온 이들은 얼마나 불편할지 고려하기 바란다. 세상에는 여전히 달리기를 즐기지 않는 사람이 더 많다.

덥다는 핑계로 웃통 벗지 말자. 왜 그러는지는 짐작이 되는데, 지나는 사람들이 쳐다보는 이유는 그대가 멋있어서가 아니고 보기 흉하고 화가 나서 그러는 것이다. 다른 이들에게 불쾌함을 주는 혐오 대상이며 동반자까지 욕먹는 길이다. 요즘 러닝용 싱글렛은 예쁘기도 하고 기능성이라 입는 것이 더 효과적이다.

공중화장실에서 세수까지는 양해가 되는데 샤워는 집에 가서 하자. 너무 지저분하고 흉해서 볼 때마다 분노가 치민다. 심지어 공원 내 급수대까지 점령하고 온몸을 씻고 있는 모습은 흡사 동물원의 짐승들 같아서 러너라는 호칭으로 섞이는 것조차도 너무 부끄럽다.

# 맺음말

러닝클래스에서는 이론과 실습을 모두 보여줄 수 있고, 각자의 자세를 살펴보고 개선 방향을 제시·실행하고, 초보부터 엘리트까지 수준별로 목표에 따른 성장을 체계적으로 함께 할 수 있는데, 글로 정리하려니 참으로 제약이 많다는 것을 절감하고 그래서 많이 부족한 책이라는 점 잘 알고 있습니다.

효율적인 달리기의 자세와 과정, 유익한 각종 드릴과 워크아웃, 천천히 달리기 및 레벨업 프로그램의 기준과 세부적인 실행방법 등 이론보다는 1:1로 실천해야 하는 영역은 상설로 개설되어 있는 오프라인 러닝클래스와 러닝센터에서 교육이 이루어지고 있으니 활용하시기 바랍니다.

뚜렷한 한계에도 불구하고 이 책의 정리가 각자의 행복한 달리기와 그 실천 과정에 도움이 된다면 기쁠 것 같습니다. 달리기에 있어 이론의 이해보다 실천이 훨씬 의미가 크다는 것을 우리 모두는 잘 알고 있습니다.

달리기가 좋아서 주어진 위치에서 몰입하다 보니 스스로 생각해도 신기할 만큼 다양한 수준과 연령, 그룹의 주자들을 주의 깊게 모니터링하고 코칭할 수 있는 기회가 있었고 고스란히 축적되어 있습니다.

지금 이 순간에도 누군가는 달리기 때문에 고민하고 있을 것이라 생각합니다. 자세 점검 및 교정, 트레이닝 방법, 부상 예방 및 회복, 부상 예방을 위한 러닝화의 선택 등 달리기에 대해 궁금한 점이나 의견을 나눌 대상이 필요하신 분은 러닝센터를 찾아주시면 우리의 경험과 노하우를 기꺼이 나누어 드리겠습니다.

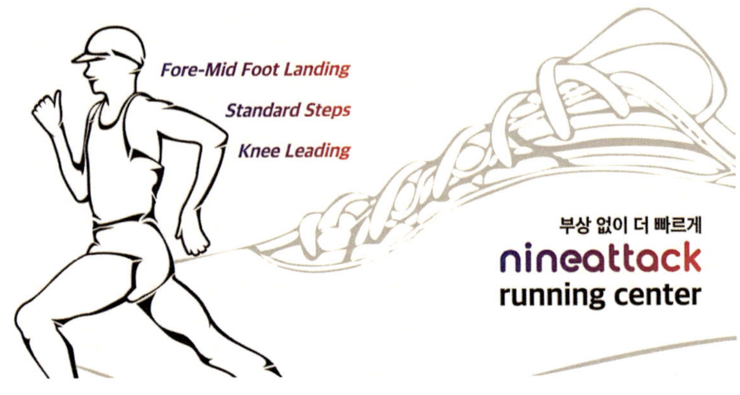